スーツが似合う男になる!!

ラガーマン体型になれる筋力トレーニング

NSCA公認ストレングス&
コンディショニング・スペシャリスト
坂詰真二

KANZEN

はじめに

効率の高いトレーニングで憧れのラガーマン体型になろう!

　広い肩幅に、厚い胸板——。スーツを着てもビシっと決まる、ラグビー選手のような雄々しい肉体に、憧れる人も少なくないでしょう。

　本書では、ラガーマン体型を目指す方に向け、効率よく筋肉をつける体型別のトレーニング方法を中心に、運動前後のケア・食事の工夫などを包括的に紹介しています。

　自分の体重を利用し、自宅で簡単にできる自重トレーニングを初級・中級・上級者向けにまとめ、自身のレベルにあった内容を無理なく続けられるように設定しています。

　理想のラガーマン体型を手に入れて、スーツをカッコよく着こなしたい。そんな思いを叶える一助になれば幸いです。

坂詰真二

スーツをカッコよく着こなせるラガーマン体型に！

スーツが似合う男になる!
ラガーマン体型になれる筋力トレーニング
CONTENTS

2		はじめに
5	**Part1**	**理想のラガーマン体型を目指す!**
6		目指すべきラガーマン体型はこれだ!
8		スーツをカッコよく着こなすために
16		鍛える筋肉はココだ!
22		この数字を目指せ！　身長から割り出すスリーサイズの黄金比
23		BMI(肥満度)を計算／ウエスト・身長比を計算
24		BMI／ウエスト・身長比をもとに体型を4分類!! 今のあなたはどれ?
28		Q&Aで知る「筋力トレーニング」
32		メニューページの見方
35	**Part2**	**筋トレの効果UPに欠かせないストレッチ**
38		ウォームアップ用ストレッチ4種
42		クールダウン用ストレッチ12種
49	**Part3**	**自重トレーニングで筋肉をつける!**
52		自重トレーニングStep1・メニュー6種
66		自重トレーニングStep2・メニュー8種
84		自重トレーニングStep3・メニュー10種
107	**Part4**	**ダンベルを使ってさらに効果的に鍛える!**
108		ダンベルを使ったトレーニングメニュー10種
131	**Part5**	**食事で体を変える!**
132		①体型別「理想的な食事」
138		②すべての体型に共通する食事法
141		③Q&Aで食事をより深く知ろう!
34	column①	ラガーマン体型に人が引きつけられる理由とは
48	column②	毎朝日光を浴びて良質な眠りを手に入れる
106	column③	湯船に肩までつかる全身浴で体のコリを軽減
130	column④	ウォーキングや自転車など体への負担が少ない運動を

Part 1
理想のラガーマン体型を目指す!

本書のトレーニングによって、目指すべき理想のラガーマン体型とは具体的にどんなものなのか。身体的な数値を明確にして解説。スーツの着こなし方や、筋トレに関する疑問にも目を通し、本書の意図を理解していこう。

- ●目指すべきラガーマン体型はこれだ!
- ●スーツをカッコよく着こなすために
- ●鍛える筋肉はココだ!
- ●この数字を目指せ! 身長から割り出すスリーサイズの黄金比
- ●BMI(肥満度)を計算／ウエスト・身長比を計算
- ●BMI／ウエスト・身長比をもとに体型を4分類!! 今のあなたはどれ?
- ●Q&Aで知る「筋力トレーニング」

目指すべき「ラガーマ

モデル:**藤田慶和**（ラグビーワールドカップ2015日本代表・日本セブンズ日本代表）

肩周り、胸、腹部、背中、太もも、ふくらはぎ。体中のすべての筋肉がバランスよく発達した「ラガーマン体型」は、スポーツを行うのに最適だ。そして同時に、スーツをカッコよく着こなせる体型でもある。

ン体型」はこれだ!

Part 1 理想のラガーマン体型を目指す!

How to look **stylish** in a suit!

「周りから『スーツが似合うね』ってよく言われます」

——スーツをカッコよく着こなせる体型になるには、大胸筋がポイント。これまでどういったトレーニングを？

シンプルにベンチプレスや、腕の幅を広めに取った腕立て伏せをしてきましたね。あとはダンベルを使ったベンチプレス。左右両方の大胸筋をバランスよく鍛えるために、よくやりました。

——腹筋や背筋はいかがですか。

シンプルな腹筋や背筋のトレーニングよりは、体幹トレーニングを重視してきました。僕らはラガーマンである以上、見せる筋肉よりも使える筋肉のほうが重要で、走っていても、相手のタックルを受けても簡単にブレない体を作っています。そのために、腹筋や背筋を鍛えるというイメージですね。

背筋に関しては、ベンチプルや重りをつけた状態で行う懸垂運動が、一番効果があると思います。

——使える筋肉を重視とはいっても、それだけ体を鍛えれば、見た目にも大きな変化があったのでは？

それは間違いないですね。

——ちなみに、筋トレは週に何日行っていますか。

エディ（・ジョーンズ前ヘッドコーチ）のときは、ほぼ毎日行っていました。試合の前日や当日はさすがにしませんが、今でもほぼ毎日取り組んでいます。時間はだいたい1時間〜1時間15分。あまり長くやり過ぎないように、日によって鍛える部位を変えていくというイメージでやっています。

——多くの読者の悩みが「長続きしないこと」だと思います。長く続けるためのコツはありますか。

体の変化が目に見えてくると、筋トレ自体が本当に楽しくなるので、そこまでは頑張る（笑）。でも、そこまでたどりつけば、筋トレが軌道に乗っている証拠だと思うので、我慢して頑張るしかないかなと思います。

——食事で気をつけていることは？

走力を求められるポジション（バックス）なので、脂質は取り過ぎないようにしていますね。できるだけ、ファストフードも控えるようにしています。あとは、バランスですね。肉、野菜などすべての食材、栄養素をバランスよく取っていくのが大切だと考えています。

特にラグビー場合は運動量も多く、体をぶつけ合うコンタクトスポーツなので、練習や試合後はすぐにエネルギー源となるバナナなどを取っています。鍛えた筋肉からエネルギーが消費されてしまい、鍛えた意味がなくなってしまうので、そこの管理は慎重にやっています。

——体つきが大きく、筋肉がついてから、スーツの着こなしは変わりましたか？

胸がしっかり出るので、"スーツを着ている"感じがよくします。あとは、周りから「スーツが似合うね」と言われることが増えました。

■プロフィール
藤田慶和（ふじた・よしかず）
1993年京都府出身。小学3年生からラグビーを始める。名門・東福岡高校では花園（全国高校大会）3連覇を達成。その後、早稲田大学へ進学。入学直後の2012年5月、18歳7カ月27日という日本代表最年少出場記録を更新。2015年にイングランドで開催されたラグビーワールドカップではトライを記録した。現在は、男子7人制ラグビーの日本代表として活動中。所属チームは、ジャパンラグビートップリーグのパナソニックワイルドナイツ。主なポジションはウイング（WTB）、フルバック（FB）。

Part 1 理想のラガーマン体型を目指す！

スーツを**カッコよく**着こなすために

スタイリスト直伝
デキル男の
スーツ着こなし術

トレーニングでいくら体を鍛えて、筋肉を発達させたとしても、スーツの着こなしそのものが整っていなければ、元も子もない。この項目ではスタイリストの視点から、アイテムごとにスーツの着こなしを解説していく。

【記事監修者】中村祐三（なかむら・ゆうぞう）。スタイリスト。1978年、東京都出身。保善高時代はウイング（WTB）のレギュラーとして活躍。2007年からファッション業界に入り、2010年にフリーランスとして独立。現在は「2nd」や、「CLUTCH Magazine」（いずれも枻出版社）などの雑誌に活躍の場を広げている。

01 ネクタイ

長さはベルトにかかるか、かからないかくらいがベスト

シャツの襟の幅に合わせるのがポイント。最近では、モード系などで襟の小さいタイプも売られている。そうしたシャツを着る場合は、ナロータイなど幅の小さい、細めのネクタイを締めよう。

また、最近はジャケットのラベルが狭いタイプもあるので、それに合わせられれば、なおよし。長さはベルトにかかるか、かからないくらいがベスト。ネクタイを締めるときは、大剣と小剣の長さをできるだけ合わせよう。

How to look **stylish** in a suit!

02 シャツの袖の見せ方

1.5cmがベスト

ジャケットの裾から1.5cm程度出ているのがベスト。一般的にはあまり気に止められないところだが、見る人が見れば「服装に気を使っているかどうか」がわかる。

スーツのジャケットに限らず、ニットの下にシャツを着る場合でも、このくらいの長さを出すのがベスト。

03 シャツの色

清潔感を重視

白であれば、ネクタイが何色であっても似合ううえに、違和感はない。周囲に清潔感を与えるという意味では無地の白や薄いブルーがベスト。

カラーを着る場合は、TPOをわきまえたほうがよいかも。

04 ジャケットの丈

ベストはお尻半分

ヒップが半分隠れる程度の長さがベスト。「短すぎてベルトが見える」「長すぎてヒップがすべて隠れてしまう」などはダメ！

自分の体格に合わせて、"ジャケットの丈はお尻半分"を目安にしよう。

Part 1 理想のラガーマン体型を目指す！

スーツをカッコよく着こなすために

05 ジャケットのボタン

一番下のボタンは開けておく

2つボタンでも、3つボタンのタイプであっても、一番下のボタンは開けておくのが、着こなしとしてはスタンダードでカッコよく見える。

06 パンツの丈

基本はワンクッション

シューズにかかる長さがワンクッション程度がベスト。パンツの裾から靴下やくるぶしが見えないほうがスタイリッシュ。

アパレル系であれば、太めのダブルで"オシャレ感"を演出することもあるが、サラリーマンの場合、シングルでワンクッション程度が基本。

腰履きやハイウエストなどはせず、股上もジャストサイズがカッコよく着こなせる。

How to look **stylish** in a suit!

07 ソックス(靴下)

地味が無難　そこで勝負しなくてOK

色は黒やグレー、濃紺などの地味目がよい（そこで勝負する必要なし！）。また、肌を見せないのがベストなので、ハイソックスが無難。座って、パンツの裾がやや上に上がったときに、肌やスネ毛を見せないようにするのがエチケット。

08 シューズ(靴)

色はベルトと合わせる

茶色のベルトに、黒のシューズなどベルトとシューズの色が異なると、あまりカッコよく見えない。黒なら黒、茶色なら茶色と、ベルトとシューズの色は必ず合わせよう！　腕時計のベルトも色や素材を合わせると、なおよし。

ダーク系のスーツであれば、シューズの色は黒が無難であり、カッコいい。シューズを茶色系統にするのは、ややハイレベルか。

形状は、スウェードや先が過剰に尖ったタイプなどはさけて、ストレートチップの一般的なもので問題なし。それが一番フォーマルだ。背伸びしすぎないオシャレを目指そう。

サイズは自分の足とピッタリのものを。ブランドによっては、「革が伸びる、足になじむ」ことを想定して、0.5cm程度小さいサイズを勧めてくることもある。大きいのはアウト。

Part 1　理想のラガーマン体型を目指す！

スーツを**カッコよく**着こなすために

09

ポケット

物を入れるのはNG

物を入れない。特にパンツは膨れてしまうとカッコ悪いので、ポケットには入れないようにしよう。ジャケットも入れないほうがよい。内ポケットに、スマホや名刺入れを入れる程度にとどめよう。

ジャケットのポケットのフラップは出したままでOK。

10

ベルト

穴の数の真ん中に合わせるのがベスト

ベルトの穴の数は5や7といった奇数が多いため、穴が5つの場合であれば3番目、穴が7つの場合であれば4番目といった具合に、穴の数のちょうど真ん中に合わせるのがポイント。バランスがよく見える。基本的には、自分のウエストサイズに合ったものを選ぼう。

全体として、ベルトと靴の色の組み合わせは、黒が基本。茶色を用意してくと使い勝手がよく、カッコよく見られる。

How to look **stylish** in a suit!

体格・体型にフィットする スーツの選び方

1 まずは肩周りを合わせる。肩の頂点に縫い目が合う程度がよい。

2 大胸筋が発達していると、スーツの着こなしとしては当然カッコよく見える。

3 姿勢をよくすることもポイント。猫背だとカッコよく見えない。多少、胸を張るくらいが立ち姿としてはカッコいい。少し意識するだけで、かなり違うはず。

4 ウエスト＝ジャケットのボタンを閉じた状態で、内側に手を入れようとしたとき、拳ひとつが入るくらいのサイズ感がジャスト。あまりピッタリでは気持ち悪いので、若干の余裕は必要。

5 パンツは股上ピッタリがよい。既製品であっても大抵の場合、裾の長さは直してくれるので、試着は股上ピッタリで履こう。そのうえで、シューズの上にワンクッションある程度がベスト。

6 ヒップはたるんでいるよりも、引き締まっていたほうが当然カッコよく見える。ただし、パンツがヒップにピッタリしすぎないように、こちらも若干の余裕を。

7 太ももも、ヒップと同じくピッチリし過ぎていると窮屈に見えてしまうので、多少の余裕があったほうがよいかも。

Part 1 理想のラガーマン体型を目指す！

鍛える筋肉はココだ!

スーツが似合う体型を目指せ!

広い肩幅に筋の入った前腕、厚みのある大胸筋と広背筋、そしてしっかり絞られた腹筋……スーツの似合うラガーマン体型を目指すべく、まず筋肉の基本情報をおさえよう。

1 大胸筋
だいきょうきん

胸板の厚みを作る、胸の一番大きい筋肉。腕を後ろから前にもってくる、上から下におろすなどの動作で使う。

2 広背筋&脊柱起立筋
こうはいきん / せきちゅうきりつきん

広背筋は背中の上部にあり、腕から背骨に向かって逆三角形に広がる。脊柱起立筋は腰付筋の量が多く、背骨を伸ばす役割をもつ。

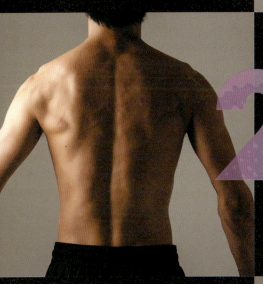

Part 1 理想のラガーマン体型を目指す！

3 僧帽筋
そうぼうきん

首を支える筋肉。首、肩、肩甲骨を覆うようについている。鍛えて発達すれば、スーツの肩周りに盛り上がりが期待できる。

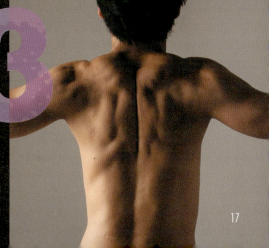

4 大臀筋&中臀筋
だいでんきん ちゅうでんきん

お尻の後ろ側にある大臀筋は、前にある足を後方に引くときに使う。お尻の側面にある中臀筋は、骨盤と大腿骨を結び、足を横にあげるために働く。

5 三角筋
さんかくきん

腕を上下前後左右どの方向に動かすときも使い、物を上に持ち上げる際に特に力を発揮する。広い肩幅を作る筋肉。

6 上腕二頭筋
じょうわんにとうきん

腕の前側につき、ひじを曲げるときに使う筋肉。マッチョな力こぶを作る。

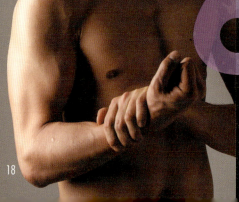

7 上腕三頭筋
じょうわんさんとうきん

腕の裏側につき、ひじを伸ばすときに使う筋肉。男らしい腕を作る。

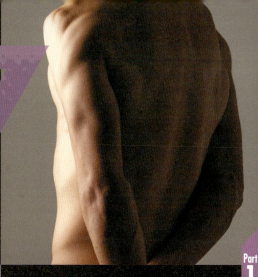

Part 1 理想のラガーマン体型を目指す！

8 前腕
ぜんわん

物をつかんだり、手首を内側に曲げるとき、反らすときに使う筋肉。パソコン作業でも使っている。男性が日常的に露出している唯一の部位。

9 腹直筋
ふくちょくきん

お腹の前側にあり、肋骨と骨盤を結びつける筋肉。背中を丸める働きをする。腹直筋を鍛えることで、腹筋が割れる。

10 腹斜筋（ふくしゃきん）

わき腹の筋肉。内腹斜筋、外腹斜筋が同時に動き、体をひねる動作や横に曲げる動作で多用される。腹部に斜めに入る筋を作る。

11 大腿四頭筋（だいたいしとうきん）

太ももの前側にあり、もっとも大きく強い筋肉。ひざを伸ばす働きをする。

12 ハムストリングス

太ももの裏にある筋肉。ひざを曲げる動きをする。ジャンプやダッシュなど瞬発力が必要な動作で使う筋肉。

腓腹筋 & ヒラメ筋 13

つま先立ちの動作でよく使う、ふくらはぎの筋肉。ひざを伸ばしているときに腓腹筋を使い、曲げているときにヒラメ筋を使う。

体で重要な役割を果たす筋肉はまだまだある!

筋肉名	部位	機能・詳細
胸鎖乳突筋（きょうさにゅうとつきん）	首	後頭部の下部から胸骨と鎖骨にかけてついている筋肉。首を曲げたり、回したりするときに働く。
頸板状筋（けいばんじょうきん）	首	首の後ろにあるインナーマッスル。脊椎に沿ってタテに走る。こちらも首を後ろに倒すときに働く。
菱形筋（りょうけいきん）	背中	脊椎から左右の肩甲骨に向かって伸びる一対になった筋肉。筋力を高めれば猫背が改善される。
腹横筋（ふくおうきん）	腹部	腹部を包み、覆うようについているインナーマッスル。強化すれば腹圧が高まり、体幹や骨盤が安定する。
腸腰筋（ちょうようきん）	腹部	太ももを引き上げる際に働くインナーマッスル。鍛えることで背骨の安定・姿勢の保持が期待できる。
腰方形筋（ようほうけいきん）	腹部	腰椎（腰の骨）の両側にある腹筋のひとつ。姿勢の保持にかかわる重要な筋肉。
深層外旋六筋（しんそうがいせんろっきん）	股関節	骨盤と足の骨をつなぐ筋肉群で、股関節の深層部にある筋肉。股関節を外側にひねる際に働く。
内転筋群（ないてんきんぐん）	足	太ももの内側の筋肉群。ひざが外側に開くのを防ぎ、体のブレが少なくなる。
前脛骨筋（ぜんけいこつきん）	足	スネにある筋肉。歩行の際、つま先を持ち上げるという働きがある。また、足のアーチの維持にも働く。
足底筋膜（そくていきんまく）	足	足の裏にある筋密度の高い帯状の組織。歩くとき、走るときの接地の際に弾力を生み出す筋肉。

Part 1 理想のラガーマン体型を目指す!

この数字を目指せ！
身長から割り出すスリーサイズの黄金比

スーツをカッコよく着こなすラガーマン体型を目指すには、体重を減らすのではなくボリュームを追求するのが大事。胸囲・ウエスト・ヒップの黄金比から、理想の体型をチェックしよう。

●身長170cmの場合

胸囲
身長(170cm)× 0.55 \黄金比/
＝93.5cm

ウエスト
身長(170cm)× 0.45 \黄金比/
＝76.5cm

ヒップ
身長(170cm)× 0.5 \黄金比/
＝85cm

■あなたの身長から「理想のスリーサイズ黄金比」を計算

胸囲		ウエスト		ヒップ	
身長	cm×0.55	身長	cm×0.45	身長	cm×0.5
＝	cm	＝	cm	＝	cm

BMI（肥満度）を計算 ……… 理想は25！

BMIとは… 一般的に用いられている体格指数。18.5以上25未満が普通体重とされる。数値の大小で身長に対する体重の重さ、軽さがわかる。

$$BMI = 体重kg \div (身長m)^2$$

● 170cm・体重65kgの場合　$65 \div (1.7)^2 = 22.5$
※小数点第2位以下を四捨五入

■ あなたの現在のBMIを計算してみよう

体重（　　　）kg ÷ 身長（　　　m）² =（　　　）

ウエスト・身長比を計算 ……… 理想は0.45以下！

体脂肪計を使わずに自分の体型を把握する方法。ウエストは立った姿勢でおへそ周りを、床と水平にメジャーを巻いて測ろう。

$$ウエスト・身長比 = ウエストcm \div 身長cm$$

● 身長170cm・ウエスト80cmの場合　$80 \div (170) = 0.47$
※小数点第3位以下を四捨五入

■ あなたの現在のウエスト・身長比を計算してみよう

ウエスト（　　　）cm ÷ 身長（　　　）cm =（　　　）

Part 1　理想のラガーマン体型を目指す！

BMI／ウエスト・身長比をもとに体型を4分類!!今のあなたはどれ？

BMI、ウエスト・身長比の2つの数値を出したら、自分がどの体型タイプに当てはまるかをチェックしよう。

ウエスト・身長比 0.46

← 0.46未満　　　0.46以上 →

BMI 25以上 ↑

スーツがバッチリ似合う理想のラガーマン体型

- ウエスト・身長比 0.46未満
- BMI 25以上

太っている
= **C**タイプ　P.27

ウエスト・身長比0.46以上、BMI25以上の肥満体型。筋肉はほどほどにあるが、脂肪も多い。無駄な脂肪を落とせば、ほかのタイプよりもラガーマン体型に近づきやすい。

BMI 25

BMI 25未満 ↓

標準体型
= **A**タイプ　P.25

ウエスト・身長比0.46未満、BMI25未満の少しやせ型の標準体型。筋肉量を増やすため、食事の量、特にタンパク質を増やす必要がある。

ぽっちゃり体型
= **B**タイプ　P.26

ウエスト・身長比0.46以上、BMI25未満のぽっちゃり体型。やせるために食事制限を始めるのはNG。筋肉を増やして基礎代謝をあげることで脂肪を燃焼させよう。

標準体型＝Aタイプのあなた

標準体型のAタイプは脂肪、筋肉量ともに少ないのが大きな特徴。筋肉量をあげるために、食事の量を増やす必要がある。しっかり食べながら筋力トレーニングを行おう。

BMI
25未満

ウエスト・身長比
0.46未満

身長170cmの場合
体重:約**72.5kg未満**
ウエスト:約**78cm未満**

Part 1 理想のラガーマン体型を目指す！

トレーニングの目的

筋肉量を増やすと同時に食事の量も増やす

筋トレで全身の筋肉量を増やすことが目的となる。ただし筋肉が増えると基礎代謝があがってエネルギーを消費する体にもなるので、食事を意識的に増やす努力が必要。

食事の改善方法

タンパク質を中心に食べる量を増やそう

食が細い人が多いので、まずは食べる量を増やそう。食事の間に良質なタンパク質（魚肉ソーセージやチーズなど）をこまめに食べるのもいい。プロテインを活用するのもオススメだ。

※詳細はP.132➡

ぽっちゃり体型＝**B**タイプのあなた

筋肉を増やすことに重点置き、タンパク質を増やすなど、食事の質を変える必要があるぽっちゃりタイプ。筋力トレーニングで基礎代謝をあげ、脂肪燃焼しやすい体を作ろう。

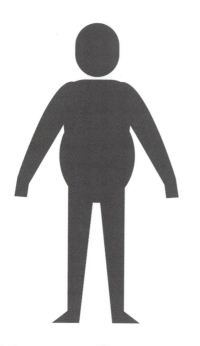

BMI
25未満

ウエスト・身長比
0.46以上

身長170cmの場合
体重:約**72.5kg未満**
ウエスト:約**78cm以上**

トレーニングの目的

筋肉量を増やしながら体脂肪を減らす

　筋トレで全身の筋肉量を増やし、基礎代謝をあげて体脂肪を減らす。ただし、今のままの食生活ではタンパク質が不足しているので同時に食事の内容を見直すことが必須。

食事の改善方法

質の改善を重視！タンパク質を毎食多めに

　量は変えず、質を変えよう。主食（炭水化物）をおさえて、肉や魚、大豆類などタンパク質を多めに取ること。タンパク質は一度に多く吸収できないので、1日3食、毎回取ることが大切。

※詳細はP.134➡

太っている＝Cタイプのあなた

筋肉はある程度ついているので、脂肪を減らすことに重点を置くべき肥満体型タイプ。糖質、脂質を中心に食事の量を減らしながら筋力トレーニングを行おう。

BMI
25以上

ウエスト・身長比
0.46以上

身長170cmの場合
体重:約**72.5**kg以上
ウエスト:約**78**cm以上

Part 1 理想のラガーマン体型を目指す！

トレーニングの目的

まずは体脂肪を減らす 同時に筋肉量はキープ

　体脂肪を減らすことが第一の目的となるが、食事制限をすると体脂肪だけでなく筋肉も減少する。そこで筋トレによって筋肉を増やす努力をし、結果として筋肉量を維持する。

食事の改善方法

体脂肪を減らす食事を！ 炭水化物を控えよう

　余分な糖類と油を減らす食生活を心がけること。パンや麺などの粉食より、白米、玄米などの粒食のほうが体脂肪に変わりにくくオススメだ。定食＋うどんなど主食の二重取りは絶対にさけよう。

※詳細はP.136➡

Q&Aで知る「筋力トレーニング」

筋肉を大きく、強くさせることが目的の「筋力トレーニング」。スタートするにあたって、基本的な知識や注意しなければならないポイントをQ&A形式で解説していこう。

- **Q1** 筋肥大とは？
- **Q2** 超回復とは？
- **Q3** インターバルとは？
- **Q4** トレーニング頻度や時間は？
- **Q5** 見せる筋肉と使える筋肉って違うの？
- **Q6** 有酸素運動は必要？
- **Q7** 筋肉痛があるときは？

Q1 筋肥大とは？

A 筋線維1本1本に刺激が加わり太くなること

　筋肉は髪の毛1本分ほどの筋線維が束になってできている。その1本が筋トレなどの刺激により強い収縮をして太くなり、筋肉全体が大きくなることを「筋肥大」という。

　筋トレでは、負荷が弱すぎても強すぎても効率よく肥大しないため、最大能力の75％程度を発揮するのがベスト。「あと2回くらいできるかな」程度の疲労感でやめると、最大の効果を得られ、かつ余分な疲労が残らない。

やや余裕を残す程度の回数が、筋トレを継続させる秘訣

Q2 超回復とは？

A｜元の状態より能力をあげた状態で回復すること

単なるリカバリーではなく、より能力を上げた状態で筋肉が回復する「超回復」を得るには、適度な刺激と適度な休息が必要だ。

通常のトレーニングであれば48時間、強い刺激を与えた場合は72時間の休息を取ろう。

年齢や性別に関係なくどんな人でも超回復できるが、最適なのは1～2日あけて週3日のペースでトレーニングを行うこと。週1回のトレーニングでは超回復のベストタイミングを逃してしまう。

筋肉に適度な刺激を与えて、適度な休息を取ることが、超回復させるためのポイント

Part 1 理想のラガーマン体型を目指す！

Q3 インターバルとは？

A｜筋肉がしっかり能力を発揮するためにとる休息時間

本書で紹介しているトレーニングでは、1つのメニューを10回×3セット前後行っていくが、筋肉を回復させるために、セット間の休憩は30秒から1分間必ず取ろう。

1セットのトレーニングで使われる筋線維は全体の3割程度だが、2セット目には残りの3割が使われ、3セット目にはさらに残りの3割が使われて、休息を繰り返しながら筋肉は万遍なく刺激を受ける。

ただ、あまり長く休ませてしまうと、トレーニングによって筋肉に集まった血液の量が減り、力を出しにくくなる。

逆にインターバルを取らなければ、最初は10回行えたメニューが、次のセットでは7回しかできないなど、筋肉が十分に能力を発揮せず、効果が下がってしまう。30秒～1分間の休息でトレーニングを再開しよう。強い疲労を感じる場合は、1分半休んでもよい。

Q4 トレーニング頻度や時間は?

A｜まずは1日30分×週2日 睡眠の直前と直後はさけよう

本書のPart3で紹介しているトレーニングをすべて行っても、Step1は15分、Step2は20分、Step3は30とどれも短め。

初心者はウォームアップを含め30分以内のトレーニングを週2日からスタートさせよう。時間帯は体温が高い夕方16〜17時がオススメ。

ただ、生活習慣に取り入れにくいので、寝る直前と寝起き、食後すぐと空腹時だけはさけて、自分のライフスタイルに合った時間に行おう。

体温の高い時間帯が、もっとも適している。自分の生活に合わせて、無理なく取り組もう

Q5 見せる筋肉と使える筋肉って違うの?

A｜筋肉を"使う"には目的に合った動きの習得が必要

今回紹介するトレーニングは、最短時間で筋肉を増やすことを目的にしており、見せる筋肉づくりには最適だ。

人間には大小含め400もの筋肉があり、意識的に使えるようにするには脳でコントロールできるようにしなければならない。使える筋肉とは「全身の筋肉を適切にコントロールする能力の高さ(巧緻性)」を表す便宜的な表現。

練習を積み重ねて、然るべき筋肉を正しいタイミングで使えるようになろう。

筋肉を適切なやタイミングで使うには、練習によって技術や判断を習得しなくてはならない

Q6 有酸素運動は必要？

A｜ラガーマン体型づくりでは やらない方がベター

有酸素運動は大量に体内のエネルギーを消費するため、運動中に筋肉が減る可能性もある。

ラガーマン体型を目指すという本書の目的においては、筋肉を増やす筋力トレーニングのみ必要。肥満体型（Cタイプ）の人が脂肪を減らすために有酸素運動を行ってもよいが、ひざなどを痛めることも多いので、水泳など体に負担のかからないものを選ぼう。Aタイプ（標準体型）やBタイプ（ぽっちゃり）には、基本的に必要ない。

Cタイプが脂肪の燃焼のために行うにはよいが、AタイプやBタイプはしなくてもOK

Q7 筋肉痛があるときは？

A｜2日間のインターバルで トレーニングを再開しよう

日常的に運動している人でも、慣れない動きをすれば筋肉痛になる。筋肉が、普段とは異なる方向やタイミングで引っ張られるためだ。2日経てば痛みはおさまるので、体を動きに慣らしていこう。

慣れている動きで筋肉痛になる場合は負荷が強すぎるので、負荷を下げる必要あり。

1週間経っても痛む場合は肉離れを起こしている可能性が高い。無理せず専門医に診てもらおう。

筋肉の炎症のピークは、トレーニングから24～48時間後。2日経てば、だいたいおさまる

Part 1 理想のラガーマン体型を目指す！

メニューページの見方

動作時の呼吸法

動作ごとの呼吸法を、「2秒かけて息を吸う」「1秒かけて息を吐く」などで示しています。呼吸を正しく行うだけで、筋トレの効果は大きく高まるので、意識して行いましょう。

動作手順

どういった順番で、どのように体を動かせばよいかを、写真と文章で解説しています。正しい方法で、順番通りに体を動かしていきましょう。

Point

各トレーニングメニューを行う際に、特に意識しなければならない動作や筋肉を表記しています。この「Point」を抑えて、トレーニングに取り組んでください。

自重トレStep 1-3

ベンチ・スクワット

イスを使った、負荷の少ないスクワットで大腿四頭筋を鍛えて、太もも周りの見た目をよくする。腕の位置に注意しながら行おう。

この動作で1回　2秒かけて息を吸う

1 足を肩幅に開き腕を前に出して直立する
イスから15cmほど離れた位置で、腕を肩の前にあげ、手のひらを内側にして「前へならえ」の姿勢になる。

✓ Point 2
背すじをしっかり伸ばす

✓ Point 1
つま先を外側に向けて立つ

Part3「自重トレーニングで筋肉をつける！」と、Part4「ダンベルを使ってさらに鍛える！」で紹介しているトレーニングメニューの詳細です。1メニューごとに見開きで掲載していますので、実際に行いながらでも見やすいページ構成となっています。ポイントなどを意識しながら、取り組んでいきましょう。

回数・目安

そのメニューにおける適切な秒数や回数、セット数を表記しています。トレーニングを行うにあたっての参考にしてください。

用意する道具

そのメニューで必要な道具を明記しています。

この筋肉を強化!

そのメニューが、体のどの筋肉・部位を強化しているのか、イラストをまじえて表記しています。その筋肉や部位を意識しながら行ってください。

これはNG!

実際にメニューに取り組む際に誤りやすい動作を「NG」として表記しています。正しく行わなければ、かえって体に負担や痛みを与えてしまう恐れがありますので、注意しましょう。

column ①

ラガーマン体型に人が引きつけられる理由とは

　本書のゴールは、トレーニングを通じて「理想のラガーマン体型を目指す」こと。では、そもそもなぜ人はラガーマン体型を"カッコいい"と感じるのだろう。

　人類数百万年の歴史の中、つい最近まで男性は狩りをし、女性は家を守るという社会的な役割を持ち続けてきた。敵から家族を守り、食糧を得るための格闘にも負けないたくましい体は、男の象徴であり、若い同性はそれに憧れ、女性はその男性性に惹かれてきた。

　現代社会では、マッチョでなければ生きられない要素はほとんどない。それよりもコミュニケーション力やITスキルのほうが役立ち、稼ぎにもつながるかもしれない。しかし、それは人類史上ごく最近の話であり、遺伝子に埋め込まれた"本能"の部分で、マッチョへの憧れはしっかり残っていると考えられる。

　2015年ラグビーワールドカップで、初めてラグビーを観たという人の多くは、荒々しい疑似格闘のような肉体のぶつかり合いと、緻密な戦略に支えられた頭脳戦という側面に、本能的に引きつけられたともいえるだろう。

　"強靭な肉体と生きるための知恵"という、男性のカッコよさ。ラガーマンには、人が根本的に求めるものがあるといえるのではないだろうか。

Part 2
筋トレの効果UPに欠かせないストレッチ

筋力トレーニングに取り組む前には、体をストレッチによってほぐし"目覚めさせる"必要がある。このPartでは、そうしたウォームアップ用のストレッチメニューを、クールダウン用のストレッチとともに解説していく。

- ●ウォームアップ用ストレッチ4種
- ●クールダウン用ストレッチ12種

トレーニング効果をさらに高めるストレッチ

ウォームアップ用ストレッチ

運動前は"立って行う"複合的ストレッチを

　筋肉を伸ばすことで筋肉そのものの緊張をやわらげ、心理的なリラクセーション効果を得られるストレッチ。運動前のウォームアップでは、立ったまま、複数の筋肉を同時に短時間で伸ばす「複合的ストレッチ」が最適。ひとつの部位を伸ばす、通常のストレッチでは体がリラックスするあまり運動の効率を下げてしまうからだ。
　「複合的ストレッチ」の目的は体を「安静・リラックスモード」から「運動・緊張モード」に切り替えて力を出しやすくすること。運動時のケガや痛みの予防にもなる。
● 自分の柔軟性に合わせ、"イタ気持ちいい"程度に、筋肉に少し強めの刺激を与える。
● 筋肉を伸ばしている間は呼吸を止めない。
● ひとつの動作のストレッチ時間が長すぎるとリラックスしてしまうため、1動作につき5〜10秒程度で行う。
　以上の3点に気をつけよう。

① 肩・胸など　p.38
② 肩・わき腹など　p.39
③ 腕・背中など　p.40
④ 腕・もも裏など　p.41

運動前、運動後のストレッチにはそれぞれ異なる役割がある。筋肉への刺激のかけ方、呼吸の違いなどに注意して行おう。

クールダウン用ストレッチ

運動中にたまった疲労を、しっかりほぐす

　筋肉は冷えるほど緊張し、温まるほど弛緩して伸ばしやすくなる。筋力トレーニング後は筋肉の温度があがっているため、柔軟性を高めやすい時間帯だ。

　運動後のストレッチをしっかり行うことで、運動中にたまった疲労物質をとると同時に、心身をリラックスさせ、筋肉の超回復を促進することもできる。

　「今日はいつもより疲れたな」と感じた場合は、トレーニング後以外の時間にも何回か行うとよい。

●自分の柔軟性に合わせ、痛みを感じない程度に心地よい強さで伸ばす。
●鼻から2〜4秒かけて息を吸い、口から4〜8秒かけて吐く。
●2呼吸分静止する。時間に余裕があれば、次に少しだけ強めに筋肉を伸ばして1〜3セット行う。

　以上の3点を意識しよう。

■クールダウン用ストレッチ12種

p.42	①ふくらはぎ／②わき腹
p.43	③太ももの裏／④肩
p.44	⑤腕の裏側・背中／⑥腰
p.45	⑦内もも／⑧前腕
p.46	⑨胸・肩・腕／⑩お腹
p.47	⑪太ももの前／⑫お尻

Part 2　筋トレの効果UPに欠かせないストレッチ

ウォームアップ用ストレッチ**2** 　左右**5〜10秒×1〜2セット**

肩・わき腹・股関節を伸ばす

三角筋、腹斜筋、深層外旋六筋などを複合的にストレッチ。
しっかり呼吸しながら行おう。

1 足を肩幅に開き、片方の腕を肩の高さに上げ、反対の手でひじを押さえて手前に引き寄せて、5秒静止。

✓ **Point 1**
横を見て5秒静止する

2 足幅を2倍に広げて、腕を引っ張りながら、体を大きくひねる。反対側も同様に行う。

✓ **Point 2**
ひねる方向の足の位置は変えない。逆側はつま先立ちになる

Part 2 筋トレの効果UPに欠かせないストレッチ

ウォームアップ用ストレッチ3　　**左右5〜10秒×1〜2セット**

腕・背中・わき腹・お尻を伸ばす

上腕三頭筋、広背筋、腹斜筋、中臀筋をストレッチ。しっかり体重移動をすることがポイントだ。

1 足を肩幅に開き、あごを引いて斜め下を見る。片方の腕をあげてひじを曲げ、反対の手でひじをもって5秒間引き寄せる。

✓ **Point** 曲げた腕の小指を肩につけてしっかり曲げる

2 足幅を2倍に開き、伸ばす腕側の足に体重を乗せてひざを曲げる。

✓ **Point** つま先を外側に向ける

3 反対側も同様に行う。お尻を横に出しながら、体の側面を伸ばす。

ウォームアップ用ストレッチ 4　　**5秒＋5秒×1〜2セット**

肩・胸・腕・お尻・太もも裏を伸ばす

三角筋、大胸筋、上腕二頭筋、大臀筋、ハムストリングスを複合的にストレッチする。呼吸を止めないことが大事。

1 足を肩幅に開き、両手を腰の後ろで組む。腕を伸ばして胸を張って5秒静止。

✓ **Point 1** 顔を正面に向ける

✓ **Point 2** 胸を張り、深い呼吸を止めない

✓ **Point 3** 腕を伸ばしたまま軽く引き上げる

2 ひざを軽く曲げて上半身を5秒前屈させる。水泳の飛び込み姿勢のように、顔はひざに向ける。

Part 2　筋トレの効果UPに欠かせないストレッチ

クールダウン用ストレッチ 1　左右12~24秒×1~3セット

ふくらはぎを伸ばす

腓腹筋、ヒラメ筋の疲れをやわらげる。
体をリラックスさせるため、ゆっくり呼吸しながら行おう。

1 足を前後に開き、体重を両脚に均等にかけ、手を腰にあてる。

Point 両つま先は正面に向ける

Point 1 体重移動するときは息を吐きながら

2 ひざを軽く曲げ、体重を前に移していく。ふくらはぎが気持ちよく伸びるところまで、ひざと足首を曲げる。

Point 2 後ろのかかとを床から浮かさない

クールダウン用ストレッチ 2　左右12~24秒×1~3セット

わき腹を伸ばす

床に座り、腹斜筋をストレッチ。
自分の柔軟性に合わせて筋肉を伸ばそう。

1 長座し、両ひざを軽く曲げる。片方の腕をクロスさせて、ひざの横に置く。

2 ひじでひざを押しながら、腰をひねる。反対側も同様に行う。

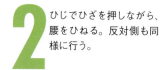

Point 1 顔は斜め後ろに向ける

Point 2 腕を伸ばし、上体を伸ばしたままひねる

クールダウン用ストレッチ3　　**左右12～24秒×1～3セット**

太ももの裏を伸ばす

ハムストリングスを伸ばし、運動中にたまった疲労をほぐす。
痛みを感じない程度で行おう。

1 ひざを軽く曲げた状態で、太ももの上に手を置く。

2 胸を張ったまま、息を吐きながら前屈する。

✓ **Point** 胸を張って背すじを伸ばしたまま前屈

Part 2 筋トレの効果UPに欠かせないストレッチ

クールダウン用ストレッチ4　　**左右12～24秒×1～3セット**

肩を伸ばす

三角筋と僧帽筋を伸ばして疲労を回復。
リラックスした姿勢で行おう。

1 あぐらをかき、片方の手でもう片方のひじを下から支える。

✓ **Point 1** 伸ばす方の前腕が支える方の前腕に乗っている

✓ **Point 2** 伸ばす方の手のひらを後ろに向ける

2 肩が気持ちよく伸びるところまで、腕を肩の高さに引きあげる。

✓ **Point** 上体はひねらず正面を向く

クールダウン用ストレッチ 5

左右12〜24秒×1〜3セット

腕の裏側・背中を伸ばす

上腕三頭筋と背中の疲れをほぐすストレッチ。
リラックスした姿勢で行おう。

1 あぐらをかき、腕をあげてひじを曲げ、もう片方の手で支える。

✓ Point
指が肩につくところまで曲げる

2 体の側面を伸ばすイメージで、体重を片方に傾ける。反対側も同様に行う。

✓ Point
お尻は床から浮かさない

クールダウン用ストレッチ 6

左右12〜24秒×1〜3セット

腰を伸ばす

慢性的に痛みを抱えやすい腰(脊柱起立筋群)。
こまめにストレッチするのがオススメだ。

1 あぐらをかき、頭の後ろで両手を組み、後頭部に置く。

2 背中を丸めながら、上体を斜め前に傾けていき、額をひざに近づける。

✓ Point
わきを締めて、おへそから下は動かさない

クールダウン用ストレッチ 7　12〜24秒×1〜3セット

内ももを伸ばす

股関節内転筋群をしっかりストレッチ。
伸ばした位置で静止してリラックスしよう。

1 両足裏を合わせ、両手を組んでつま先をつかむ。

2 両ひじをふくらはぎの内側につけ、ひじを曲げて外側に張りながら前傾する。

✓ **Point** つま先を引いたら、ひじが自然と足を押す形になる

クールダウン用ストレッチ 8　左右12〜24秒×1〜3セット

前腕を伸ばす

前腕屈筋群をほぐすストレッチ。
デスクでもできるので、仕事の合間に行うのもオススメだ。

1 あぐらをかき、手のひらでもう片方の指を包むように持つ。

2 ひじを前方に伸ばして、手のひらをストレッチ。

Part 2　筋トレの効果UPに欠かせないストレッチ

クールダウン用ストレッチ 9

左右12~24秒×1~3セット

胸・肩・腕を伸ばす

大胸筋、三角筋前部、上腕二頭筋を複合的に伸ばすストレッチ。
痛みを感じない程度に行おう。

1 両ひざを床につけて、両手を大きく広げて床に置く。

✓ **Point** 手は肩幅の2倍程度に広げる

2 ひじを伸ばしたまま、同側の肩を床に近づけ、上体をひねってキープ。

✓ **Point 1** 顔は伸ばした腕と反対側に向ける

✓ **Point 2** 反対側のひじをしっかり曲げる

クールダウン用ストレッチ 10

12~24秒×1~3セット

お腹を伸ばす

意識的に伸ばさないと、縮こまりがちな腹直筋。
リラックスしながらストレッチしよう。

1 うつ伏せになり、手のひらを床に置く。

✓ **Point** 手は額の横あたりに置く

2 腕を伸ばし、息を吐きながら上体を起こしてお腹を伸ばす。

✓ **Point 1** 目線は正面へ

✓ **Point 2** 下腹部までを床から浮かし、骨盤は床につけたまま

クールダウン用ストレッチ 11　　左右12〜24秒×1〜3セット

太ももの前を伸ばす

筋肉量が多く、疲れをためやすい大腿四頭筋。
こまめにストレッチするのがオススメ。

1 横向きになり、片方の腕を枕にして、両ひざを軽く曲げる。もう片方の手で足首もしくはつま先を持つ。

2 かかとがお尻についた状態のまま、ひざを後方に引く。

✓ **Point** 左右のひざをそろえる

✓ **Point** 上半身と股関節をひねらずに行う

Part 2　筋トレの効果UPに欠かせないストレッチ

クールダウン用ストレッチ 12　　左右12〜24秒×1〜3セット

お尻を伸ばす

疲れを感じにくい大臀筋だが、疲労はしっかりたまっている。
腰痛の原因にもなるのでしっかり伸ばそう。

1 仰向けになり、片方のひざを両手でかかえ、ひじを伸ばす。

2 息を吐きながら、ひざを胸の方に引き寄せる。

✓ **Point** 床に置いた足は伸ばしておく

✓ **Point** ひざが痛い場合は、太ももの裏を持って行う

47

column ②

毎朝日光を浴びて
良質な眠りを手に入れる

　トレーニングを含め、心身のストレスと疲労を回復する、もっとも効果的な方法は良質な睡眠を取ることだ。

　睡眠不足の状態では、いくら入浴やマッサージで体を癒そうとも、十分な疲労回復にはつながらない。必要な睡眠時間は、6時間から7時間半。これは、ノンレム睡眠（脳を回復させる深い睡眠）とレム睡眠（体を回復させる浅い睡眠）が90分1セットで交互に現れ、90分の倍数のタイミングで起きると、浅い睡眠状態のためスッキリした目覚めを感じることができるからだ。

　時間とともに大切なのが、眠りの深さだ。安定して深い眠りを手に入れるために、日光周期に基づいた「体内時計」を一定に保つ生活習慣を心がけよう。ポイントは、毎朝、同じ時間に起きて日光を浴びること。

　日差しを浴びると、約14時間後に睡眠を誘導するホルモン「メラトニン」が盛んに分泌され、自然と眠くなる体になっていく。休日はしっかり体を休めたいという人は、一旦いつもと同じ時間に起きて朝食をとってのんびり過ごし、昼食後に30分程度の昼寝をするのがベスト。こうして少しずつ体内時計が修復され、眠りが深くなっていくのだ。

Part 3
自重トレーニングで筋肉をつける!

いよいよ実際の筋力トレーニングに突入。このPartでは、自分の体重を使ったメニューを合計24種類紹介。Step1→Step2→Step3にわかれており、徐々にトレーニング自体の難易度や負荷があがっていく。

- ●自重トレーニングStep1・メニュー6種
- ●自重トレーニングStep2・メニュー8種
- ●自重トレーニングStep3・メニュー10種

効果的なトレーニングの進め方

1 まずは「ウォームアップ用ストレッチ」

体を運動しやすい"交感神経"の状態に切り替える。

2 「自重トレーニング」に取り組む

メニュー自体は「Step1」「Step2」「Step3」にわかれている。Stepがあがるほどにレベルアップしているので、自分の体型やそのときの筋力に合わせて行う。

3 必要に応じて「ダンベルを使ったメニュー」

各部位をより強調して鍛えられる"ダンベルメニュー"に取り組む。

4 最後に「クールダウン用ストレッチ」

リラックス効果の高いストレッチで筋肉の興奮を抑える。

さらにポイント

動作手順やポイント、NGをよく読み、正しいフォームでトレーニングを行おう。それだけで、トレーニングはより効果の高いものになる。

各トレーニングを行う前に、必ずこのページに目を通してください。
トレーニングを継続していくために、しっかりポイントを抑えよう。

体型別トレーニングの進め方

基本は初級編（Step1）からスタート。無理は禁物！

　日常的に運動している人もそうでない人も、筋肉量が多い人もそうでない人も、まずは全員、初級トレーニング（Step1）からのスタートをオススメする。6回×2セットから始め、徐々に回数とセット数を増やしていこう。

　トレーニングが続かない理由のほとんどは「つらいから」。すぐに効果が出ないため、負荷が大きいとただ苦しいだけに感じてしまう。最初から無理をして負荷をかけ過ぎると、トレーニング自体が嫌になってしまうので、まずはスロースタートで行おう。

　このStep1のメニューでトレーニングの動きに体を慣らしてから、中級編（Step2）、上級編（Step3）へとレベルアップしていくと、筋肉痛も起こらず快適に続けやすくなり、確実に効果が表れるだろう。

トレーニング期間別の進め方

「最短6週間」の場合

筋肉量がある方の場合はStep1〜3を2週間ずつ

　社会人になって3年以内、1年前まで定期的に運動をしていたなどで比較的筋肉量がある場合は最短6週間で目標に到達できる。基本はStep1〜3をそれぞれ2週間ずつ行うこと。

　ただし楽に感じすぎる場合は1週間ずつStepをあげて、3週目でStep3に進んでもよい。

「最長3ヵ月」の場合

筋肉量が減少している方はStep1〜3を3ヵ月ずつ

　社会人になって10年以上を経過、学生時代を含めてほとんど運動をしてこなかったなど、筋肉量が大きく減少している場合はじっくり3ヵ月かけて行いたい。

　基本はStep1〜3をそれぞれ1ヵ月ずつ行うこと。回数、セット数、頻度は、筋力の向上に合わせて少しずつ増やそう。

Part 3　自重トレーニングで筋肉をつける！

自重トレーニング Step 1

トレーニングの動きに体を慣らそう

　まずは、自分の体重を使った6種目の自重トレーニング・Step1（初級編）からスタートしていく。

　ひとつのメニューにつき、6〜12回×2〜3セットを目安に行おう。ウォームアップ、およびクールダウンのストレッチを含めて1日30分程度のトレーニングを週2回くらいのペースで行うことから始め、動きに慣れてきたら回数やセット数、頻度を増やしていく。

　筋力トレーニングは、何よりも適度な刺激を継続することが大切なので、Step1に慣れるまではStep2（中級編）に進まずに、初級の動きを繰り返すと効果的だ。

用意しておく道具

イス
背もたれあり、ひじかけなし、キャスターなしのイスを使おう。体重をかけるので、壁につけて置くなど、安定性を確保しよう。

クッション
イスに寄りかかる際などに使うと、痛みや不快感を抑えられる。

タオル
自宅にあるハンドタオルか、スポーツタオルでOK。

ヨガマット
なければバスタオルなどでもOK。滑らないように注意。

まずは基本のトレーニングから

①プッシュアップ・オンニー

p.54

②ロー・ロウイング

p.56

③ベンチ・スクワット

p.58

④シーテッド・ヒールレイズ

p.60

⑤カールダウン

p.62

⑥プローン・レッグレイズ

p.64

Part 3 自重トレーニングで筋肉をつける！

自重トレStep **1-1**

プッシュアップ・オンニー

両ひざをつけて行う、負荷の少ない腕立て伏せのメニュー。
大胸筋を鍛え、胸板の厚いラガーマン体型を目指そう。

1 両手・両ひざを床につける

両ひざをつけ、足首をクロスさせる。手の指先を開き、斜め45度外側に向ける。

この動作で1回

2秒かけて息を吸う

Another Angle

手は肩幅の2倍の広さに開こう。

✓ **Point**
上半身からひざまでが一直線になる

回数・目安
6〜12回 × 2〜3セット

この筋肉を強化!
①大胸筋

用意する道具
ヨガマット

2 息を吸いながらひじを曲げる

2秒かけて、息を吸いながらひじをゆっくり曲げ、1秒で吐きながら上体を起こす。

1秒かけて息を吐く

Point
ひじは90度まで曲げる

Part 3 自重トレーニングで筋肉をつける!

自重トレStep **1-2**

ロー・ロウイング

タオルを使い、「引っ張る」動きで、広背筋を鍛えるトレーニング。
強化のためのポイントは、肩甲骨を意識しながら動かすこと。

1 長座の姿勢で ひざを軽く曲げる

足首を90度に曲げ、タオルの両端を持ち、足裏にかける。

Point 1
腕を伸ばして肩を前に出す

Point 2
タオルは土踏まずの位置にかける

回数・目安	この筋肉を強化！	用意する道具
6～12秒×2～3セット	①広背筋	タオル　ヨガマット

2 肩を後方に引く

肩甲骨を閉じながら、タオルを引っ張って6〜12秒静止する。足は、引く力に負けないように前方に押す。

Another Angle

わきを締めて肩を後方に引き、肩甲骨を引き寄せる。

✓ **Point 1**
胸を張り、目線をあげる

✓ **Point 2**
ひざは曲がったままでOK

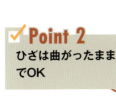

Part 3　自重トレーニングで筋肉をつける！

自重トレStep **1-3**

ベンチ・スクワット

イスを使った、負荷の少ないスクワットで大腿四頭筋を鍛えて、太もも周りの見た目をよくする。腕の位置に注意しながら行おう。

1 足を肩幅に開き腕を前に出して直立する

イスから15cmほど離れた位置で、腕を肩の前にあげ、手のひらを内側にして「前へならえ」の姿勢になる。

この動作で1回　2秒かけて息を吸う

✓ **Point 2** 背すじをしっかり伸ばす

✓ **Point 1** つま先を外側に向けて立つ

回数・目安	この筋肉を強化！
6〜12回×2〜3セット	①大腿四頭筋

用意する道具
イス

✓ Point 1
腕は床と平行

1秒かけて息を吐く

2 お尻を突き出してスクワット

お尻がイスに軽く触れるところまで腰を落とす。ひざがつま先の上にある位置で行う。

✓ Point 2
ひざとつま先は同じ線上にある

Part 3 自重トレーニングで筋肉をつける！

トレーナー
坂詰's check

これはNG！

背中が丸まって お尻がさがらないのは×

背すじを伸ばし、腕が床と平行になっていることを確認しよう。

自重トレStep **1-4**

シーテッド・ヒールレイズ

腓腹筋、ヒラメ筋などひざから下の筋肉を鍛えるためのトレーニング。
ふくらはぎの筋肉は体重を支えるため、スポーツでも重要な部位。

1 足を組んで座って体重を前方にかける

イスに浅く座り足を組む。かかとをイスの方に引き寄せ、足首をしっかりストレッチした状態で、体重を前にかける。

この動作で1回 / 1秒かけて息を吐く

Another Angle

✓ Point
つま先の上にひざがくる位置まで、かかとを引く

回数・目安	この筋肉を強化！	用意する道具
左右 **6～12回× 2～3セット**	①腓腹筋 ②ヒラメ筋	イス

2秒かけて息を吸う

2 かかとを高くあげる

息を吐きながら1秒で床についた足のかかとを、できるだけ高くあげる。上げ下げを繰り返し、反対の足も同様に行う。

Part 3　自重トレーニングで筋肉をつける！

✓ **Point**
つま先を正面に向けがに股、内股にならないよう注意する

自重トレStep 1-5

カールダウン

腹直筋と腹斜筋を鍛えるトレーニング。背中を丸めながらお腹の前部に力を入れていく。俗に言うシックスパックを目指そう。

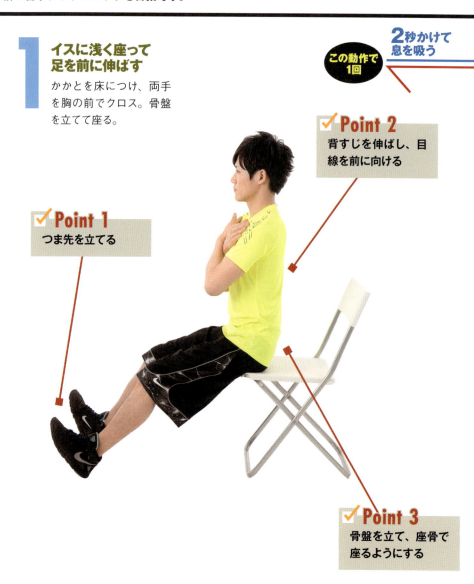

1 イスに浅く座って足を前に伸ばす
かかとを床につけ、両手を胸の前でクロス。骨盤を立てて座る。

2秒かけて息を吸う
この動作で1回

Point 1 つま先を立てる

Point 2 背すじを伸ばし、目線を前に向ける

Point 3 骨盤を立て、座骨で座るようにする

回数・目安	この筋肉を強化！	用意する道具
6〜12回×2〜3セット	①腹直筋 ②腹斜筋	イス

2 上半身を後傾させる

目線を前に向けたまま、骨盤を後傾させながら、お腹を縮める。腹筋を使って上体を保つ。

1秒かけて息を吐く

✓ Point
しっかりと骨盤を後傾させる

Part 3 自重トレーニングで筋肉をつける！

トレーナー 坂詰's check

これは **NG!**

猫背になってはダメ！
背中が丸まっていると腹筋のトレーニングにならない。頭と肩がお尻よりも後方にくるようにしよう。

自重トレStep 1-6

プローン・レッグレイズ

背骨を支え、しっかりとした姿勢を作る、脊柱起立筋を鍛えるトレーニング。
体をひねらず、足だけをあげることがポイント。

1 うつ伏せになり手を重ねて額を乗せる

足は腰幅程度に軽く開き、つま先までまっすぐ伸ばす。

2 片方の足をまっすぐ伸ばしたまま引き上げる

ひざ、つま先、足首を伸ばしたまま、息を吐きながら、一方の足を股関節が浮く程度まであげる。1秒であげ、息を吸いながら2秒でおろす。

✓ **Point 2**
足はまっすぐ上方にあげる

✓ **Point 1**
上体はひねらない

回数・目安	この筋肉を強化！	用意する道具
6〜12回×2〜3セット	①脊柱起立筋	ヨガマット

3 2と逆の足をあげる

2とは逆の足を同様にあげておろす。左右ともに行って1回とする。

Part 3 自重トレーニングで筋肉をつける！

トレーナー
坂詰's check

みぞおちが床から離れてはダメ！

足を無理にあげて、体をひねらないように注意。股関節が浮く程度で止めよう。

65

自重トレーニング Step 2

自重でより負荷をかけていく

　Step1（初級編）の動きが継続して無理なくできるようになったら、ここから紹介するStep2（中級編）の8種目の自重トレーニングに進んでいこう。

　1種目ごとの回数・セット数は8〜12回×2〜4セットが目安。Step1のメニューよりもボリュームアップしている。

　運動経験がある人は、Step2から始めてもこなせるかもしれないが、筋トレとして効果的なフォームを覚えるためにも、まずはStep1から順番通りに行って、このStep2のメニューに進むのが望ましい。

①プッシュアップ

p.68

②ラット・プル

p.70

③ニー・エクステンション

p.72

④スパイン・ヒップリフト

p.74

ややレベルアップ　中級者向け

⑤インクラン・ヒールレイズ

⑥クランチ

p.76

p.78

⑦バックエクステンション

p.80

⑧トランクツイスト

p.82

Part 3 自重トレーニングで筋肉をつける！

自重トレStep **2-1**

プッシュアップ

足のつま先を立てた、ノーマルの腕立て伏せ。
Step1の同種のメニューよりも負荷が高い。上体が反らないように気をつけて行おう。

1 足のつま先を立て
腕立て伏せの姿勢を取る

ひざを浮かせ、胸を張って体を真っすぐにする。手の指を開き、45度外側に向ける。

この動作で1回 / 2秒かけて息を吸う

Point 1
頭からかかとまで一直線になる

Point 2
手は肩幅の2倍の広さに開く

回数・目安	この筋肉を強化！	用意する道具
8〜12回× 2〜4セット	①大胸筋	ヨガマット

2 ひじを曲げて上体を下げる

ひじを90度までゆっくり曲げる。胸を開き、肩甲骨を寄せたまま、上体の上げ下げを繰り返す。

1秒かけて息を吐く

Point 1
目線は床に向け、あごを引いたままにする

Point 2
頭からかかとまで一直線になる

Point 3
お腹が落ちないよう注意

Part 3 自重トレーニングで筋肉をつける！

トレーナー
坂詰's check

これはNG！

上体が反ってお腹が落ちてはダメ

大胸筋を効率よく鍛えるには、体が一直線になっていることが大事。上体が反らないように気をつけよう。

ラット・プル

自重トレStep 2-2

広い背中を作るトレーニング。イスに座っていても、ひざ立ちでも行える。タオルを引く方向に注意しよう。

1 足を肩幅に広げて両手でタオルを持つ

腕をしっかり伸ばし、肩をすくめる。タオルは肩幅より広めに持つ。

Another Angle
タオルは体に対して斜め前の位置で持つ。

✓ **Point 1**
肩は高く上げる

✓ **Point 2**
ひじを伸ばす

✓ **Point 3**
肩幅に開き、つま先を少し外に向ける

回数・目安	この筋肉を強化！	用意する道具
8〜12秒× 2〜4セット	①菱形筋 ②僧帽筋 ③広背筋	タオル

2 タオルを左右かつ後方に引っ張る

手でタオルを左右に引っ張りながら、タオルが胸に触れる位置まで引き、キープする。

Point 1 タオルを斜め前から斜め後ろの方向に引く

Point 2 ひじが体より後ろにくるようにする

Another Angle

Part 3 自重トレーニングで筋肉をつける！

自重トレStep **2-3**

ニー・エクステンション

主に、太ももの前の筋肉（大腿四頭筋）を鍛えるトレーニング。
クッションがなければタオルを代用してもOK。

1 **クッションの上に両ひざを乗せる**

足の指を反らせて、かかとにお尻を乗せ、両腕を胸の前でクロス。体を少し後傾させる。

この動作で1回 / 1秒かけて息を吐く

Another Angle

✓ **Point**
あごをあげて、背すじを伸ばす

回数・目安	この筋肉を強化！	用意する道具
8〜12回× 2〜7セット	①大腿四頭筋	クッション

2 上体の角度を変えずにお尻をあげる

ひざ、お尻、頭までを一直線にすることで、太ももの前の筋肉にしっかり効く。

2秒かけて息を吸う

✓Point
体を前傾させて起き上がらないように注意

Part 3 自重トレーニングで筋肉をつける！

Another Angle

自重トレStep 2-4

スパイン・ヒップリフト

お尻や太もも裏の筋肉を強化するトレーニング。
同部の引き締めに効果的で、ヒップラインが美しくなり、パンツの似合う体型に。

1 仰向けになって足首をかける

90度に曲げたひざに、もう片方の足首をかける。手はハの字の位置に置く。

この動作で1回 / **1秒かけて息を吐く**

Point 1 足首はひざの少し上の安定する位置に置く

Point 2 腕全体を床につける

回数・目安	この筋肉を強化！	用意する道具
左右 **8〜12回×2〜4セット**	①大臀筋 ②ハムストリングス	ヨガマット

2 お尻を引き上げる

ひざ、お尻、肩が一直線になる位置に、お尻を引き上げる。

2秒かけて息を吸う

Point 1
床についているつま先はまっすぐ前に向ける

Point 2
目線は天井に向ける

Part 3 自重トレーニングで筋肉をつける！

トレーナー 坂詰's check

これはNG！

お尻をあげすぎて上体が反るのはダメ！

上体が反るとお尻の筋肉をあまり使わないので効果がない。さらに、腰に負担がかかり腰痛の原因になりかねない。

自重トレStep **2-5**

インクライン・ヒールレイズ

イスを使い、腓腹筋、ヒラメ筋を鍛える。
イスは壁などに固定し、体重をかけても動かないようにして行おう。

1 イスの背もたれ側に
1歩分（70cm程度）離れて立つ
両脚のつま先を正面に向け、つま先から頭まで一直線になるようにして立つ。

この動作で1回　　1秒かけて息を吐く

背もたれを逆手で持ち、手のひらで自分の体重を支える。

zoom up!

回数・目安	この筋肉を強化！	用意する道具
8〜12回× 2〜4セット	①腓腹筋 ②ヒラメ筋	イス

2 かかとを高く上げつま先立ちになる

かかとから頭まで一直線に保ったままつま先立ちになる。ひざが曲がると、ふくらはぎの筋肉が使われないので注意。

2秒かけて息を吸う

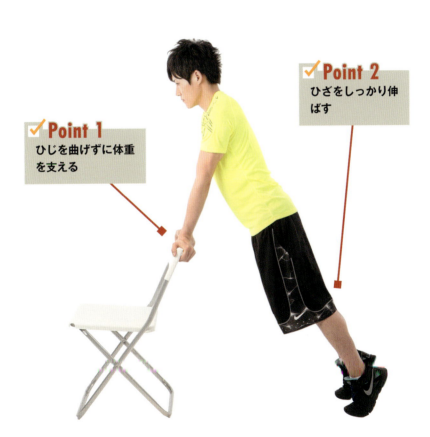

✓ Point 1
ひじを曲げずに体重を支える

✓ Point 2
ひざをしっかり伸ばす

Part 3 自重トレーニングで筋肉をつける！

自重トレStep **2-6**

クランチ

イスを使った腹筋トレーニング。足を床につけた状態で行うよりも腹筋に効く。イスが動かないようにしっかり固定して行おう。

1 床に仰向けになり両ひざを曲げてイスに乗せる

両ひざを90度に曲げ、座面にふくらはぎを乗せる。手の指先で後頭部をひっかけるようにして持つ。

この動作で1回　1秒かけて息を吐く

Point 1
ひざと同様に、股関節も90度に曲げる

Zoom Up!
後頭部に指を引っかけるようにして、両手で持つ。

Point 2
わきを締める

回数・目安	この筋肉を強化！	用意する道具
8〜12回×2〜4セット	①腹直筋 ②腹斜筋	イス　ヨガマット

2 指先で頭を支えたまま上半身を起こす

目線が太ももの中央にくる位置まで上半身を起こす。頭の重さで首の前側の筋肉に負担がかからないよう、指先でしっかり頭を支える。

2秒かけて息を吸う

✓ Point
おへそを軸にして上体をしっかり丸める

Part 3　自重トレーニングで筋肉をつける！

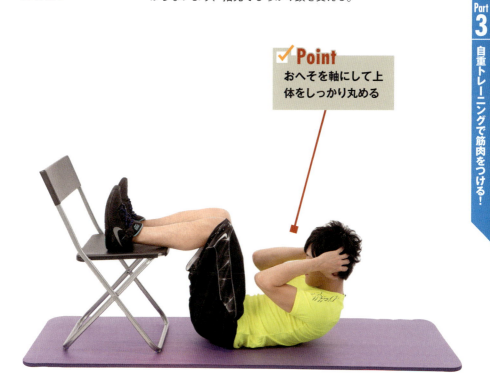

自重トレStep **2-7**

バックエクステンション

腰の筋肉を鍛えるトレーニング。勢いをつけて上体を反らすと、腰痛を引き起こしかねないのでゆっくり行おう。

1 うつ伏せになり足を軽く開く

両手を重ねた上に、あごを乗せる。足首は自然に伸ばす。

この動作で1回
1秒かけて息を吐く

✓ **Point**
つま先は立てずに床に置く

回数・目安	この筋肉を強化！	用意する道具
8〜12回× 2〜4セット	①脊柱起立筋	ヨガマット

2 15cmほど上半身を引き上げる

目線を正面に向け、両手にあごを乗せたまま上体を引き上げる。

2秒かけて息を吸う

✓ Point
目線を真正面に向けられる高さまででOK

Part 3 自重トレーニングで筋肉をつける！

トレーナー
坂詰's check

これはNG!

上半身を反り過ぎて足が浮いてしまうのはダメ！

背が高い人でも、上体は20cmほどしか上がらない。目線が真正面ではなく斜め上を向いていたり、つま先が床から浮いたら、あげ過ぎている証拠。

自重トレStep **2-8**

トランクツイスト

"ひねる動作"を加えることで、わき腹の筋肉を鍛えるメニュー。
引き締まったウエストラインを目指そう。

1 | 3 仰向けになり手をハの字に開く

両足をあげ、ひざを90度より少し伸ばした程度に曲げる。

Point 1 股関節を90度に曲げる

Point 2 腕全体を床につける

この動作で1回 / 2秒かけて息を吸う

回数・目安	この筋肉を強化！
8〜12回×2〜4セット	①腹斜筋

用意する道具
ヨガマット

2 ひざを揃えたまま両足を傾ける

息を吸いながら、一方に45度倒す。上体をひねり過ぎないように注意。

1秒かけて息を吐く

✓ **Point**
倒し過ぎて肩が床から離れないようにする

Another Angle

4 息を吐きながら元の位置に戻し逆側に傾ける

ひざを曲げるほど負荷がさがるので、浅く曲げた状態をキープする。1→2、1→3の動きを繰り返す。

1秒かけて息を吐く

Another Angle

Part 3 自重トレーニングで筋肉をつける！

自重トレーニング Step 3

強化したい部位だけを鍛えるなど自分なりに応用を

　種目数を10まで増やし、体重の重みをさらに感じながら行うStep3（上級編）。Step2（中級編）のトレーニングが無理なく継続してできるようになったら、この上級編にチャレンジしていこう。
　1種目ごとの回数・セット数は10～12回×3～5セット。Step1（初級編）やStep2と比べて、トレーニングの質・量ともに、かなりレベルアップしている。
　このStep3を行ってキツイと感じたら、無理をせず、Step2に戻ってしばらく続けよう。

①ワイド・プッシュアップ

p.86

②リバース・プルオーバー

p.88

③リバース・ショルダープレス

p.90

④レッグリフト

p.92

種目数多く上級者向け

⑤ シシースクワット

p.94

⑥ シングルレッグ・グッドモーニングエクササイズ

p.96

⑦ シングル・ヒールレイズ

p.98

⑧ バットアップ

p.100

⑨ ロウアーバック

p.102

⑩ ツイスティング・クランチ

p.104

Part 3 自重トレーニングで筋肉をつける！

自重トレStep **3-1**

ワイド・プッシュアップ

手の幅を大きく広げて、大胸筋への負荷を高めた腕立て伏せ。
上体が反ってお腹が落ちないように行おう。

1 つま先を立て腕立て伏せの姿勢になる

ひざを浮かせ、胸を張って体を真っすぐに。手は肩幅の倍ほど大きく横に開く。

この動作で1回　**2秒かけて息を吸う**

Another Angle

✓ **Point 1**
頭からかかとまで一直線になる

✓ **Point 2**
手の指を開き、60度外側に向ける

回数・目安	この筋肉を強化！	用意する道具
10〜12回×3〜5セット	①大胸筋 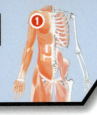	ヨガマット

2 ひじを曲げて上体をさげる

ひじを90度までゆっくり曲げる。胸を開き、肩甲骨を寄せたまま、上体の上げ下げを繰り返す。

1秒かけて息を吐く

Another Angle

Part 3 自重トレーニングで筋肉をつける！

✓ **Point 1**
頭からかかとまで一直線

✓ **Point 2**
あごを引き、目線は床に向ける

✓ **Point 3**
お腹が落ちないよう注意

自重トレStep **3-2**

リバース・プルオーバー

イスを使い、広背筋を鍛えるトレーニング。
お尻をしっかりと高くあげることがポイント。イスは固定させ安全な状態で行おう。

1 イスから離れて立ち腕立て伏せの形になる

イスから1m離れ、座面に手のひらを置き体重をかける。

この動作で1回
2秒かけて息を吸う

✓ **Point 1**
頭から足まで一直線になる

✓ **Point 2**
つま先立ちでOK

回数・目安	この筋肉を強化！	用意する道具
10〜12回×3〜5セット	①広背筋	イス

 ひじを伸ばしたまま肩入れのように頭をさげる

頭から足まで一直線の状態から、お尻を突き出すようにして頭をさげる。

1秒かけて息を吐く

Point 2
肩は手のひらの位置より少し上

Point 1
頭は沈めず、肩より中に入れない

Point 3
かかとをおろす

 トレーナー 坂詰's check

これはNG！

ひじが曲がり外に開いてはダメ！

ひじが開くと背中に効かないだけでなく、肩を回旋させる力がかかり、脱臼する原因にもなる。ひじを伸ばしたまま行うことが大事。

Part 3 自重トレーニングで筋肉をつける！

自重トレStep 3-3

リバース・ショルダープレス

ショルダープレスを自重で行うトレーニング。主に三角筋など肩の筋肉を大きくする。スーツの肩幅が張り出し、カッコよく着こなせる。

1 手足を床につけて山を作る

足を肩幅程度に大きく開き、手は肩幅より広めに開く。お尻を頂点とした山を作る。

この動作で1回

2秒かけて息を吸う

Another Angle

回数・目安	この筋肉を強化！	用意する道具
10〜12回×3〜5セット	①三角筋 ②僧帽筋	なし

2 ひじを曲げて頭を床に近づける

お尻をしっかりあげたまま、腕を曲げ伸ばしする。

1秒かけて息を吐く

Another Angle

Point 1 頭が床に触れるところまでさげる

Point 3 お尻を突き出す

Point 2 ひじを90度に曲げる

Part 3 自重トレーニングで筋肉をつける！

トレーナー 坂詰's check

これは **NG!**

お尻がさがり肩が手よりも前に出てはダメ！

お尻の位置がさがると、腕立て伏せで大胸筋を使う動きに近づくので、肩のトレーニングにならない。

自重トレStep **3-4**

レッグリフト

タオルを使用し、自分の足を重りにして行う、上腕二頭筋を鍛えるトレーニング。男らしい太い腕を目指そう。

1 **イスに浅めに座り足にタオルをかける**
イスに寄りかかり、ひざ裏にタオルをひっかけて持つ。

この動作で1回 / 1秒かけて息を吐く

✓ **Point**
あげない足は手前に引き、あげる足は前に出しておく

回数・目安
左右 **10〜12回 × 3〜5セット**

この筋肉を強化!
①上腕二頭筋

用意する道具
イス　タオル

2 タオルを引いて足を胸に引き寄せる

ひじの高さを変えず、上腕の筋肉を使いながら、太ももを胸に近づける。

2秒かけて息を吸う

✓ **Point**
ひじは体側の位置からできるだけ動かさない

Part 3 自重トレーニングで筋肉をつける！

トレーナー坂詰's check

これはNG!

タオルを引くときひじの位置がずれてはダメ!

ひじの高さが変わると、上腕二頭筋に負荷がかからない。ひじは常に体側の位置で固定しよう。

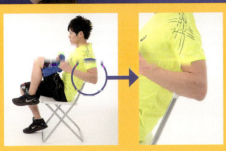

自重トレStep **3-5**

シシースクワット

体を後方に倒すことで、体重を利用して大腿四頭筋を鍛えられるトレーニング。
バランスの維持が難しいため、イスを使おう。

1 イスの真横に足を腰幅に開いて立つ
片手を腰にあて、もう片方の手をイスの方に伸ばす。

この動作で1回

2秒かけて息を吸う

Point 1 イスは安全のためにあるので触れない

Point 2 足は肩幅より少し狭く

トレーナー坂詰's check

これはNG!

骨盤が出て体が反ってはダメ!

骨盤が前に出ると大腿四頭筋に負荷がかからず、腰に負担もかかってしまう。ひざから上を一直線に保つことがポイント。

回数・目安	この筋肉を強化！	用意する道具
10〜12回×3〜5セット	①大腿四頭筋	イス

2 ひざを突き出しながら上体を後方に倒す

ひざ、骨盤、胸、頭まで一直線のまま体を後方に倒し、太ももの前の筋肉で体を支える。

1秒かけて息を吐く

Another Angle

Point 1
イスに体重をかけない

Point 1
骨盤を出さずにひざを90度曲げる

Part 3　自重トレーニングで筋肉をつける！

自重トレStep **3-6**

シングルレッグ・グッドモーニングエクササイズ

片足立ちで、太ももの裏からお尻の筋肉を鍛えるトレーニング。
しっかり前傾することが大切。

1 イスの横に片足を軸にして立つ

手を腰に置き、もう片方の手をイスの方に伸ばしておく。軸足のひざを軽く曲げ、もう片方の足はつま先立ちになる。

2秒かけて息を吸う
この動作で1回

✓ **Point 2**
頭から骨盤、足までが一直線になるように立つ

✓ **Point 1**
イスは安全のためにあるので触れない

✓ **Point 3**
バランスをとるためにつま先立ちになる

96

回数・目安	この筋肉を強化！	用意する道具
左右 **10〜12回×3〜5セット**	①大臀筋 ②ハムストリングス	イス

2 上体を斜め45度まで倒す

股関節を軸にして、背すじを伸ばしたまま前屈し、足を後方に引く。

1秒かけて息を吐く

✓ Point 1
頭から骨盤、足まで一直線の姿勢をキープ

✓ Point 2
つま先を伸ばしているほうの足は、前屈とともに後方に伸ばす

Part 3 自重トレーニングで筋肉をつける！

トレーナー坂詰's check

これはNG!

ひざが伸びて前屈が浅いとお尻の筋肉を使わないのでダメ！

太ももの裏からお尻にかけて、負荷がかかっていることを確認しながら前屈しよう。

自重トレStep 3-7

シングル・ヒールレイズ

イスを使い、腓腹筋、ヒラメ筋を鍛える。
ステップ2-5「ヒールレイズ」を片足で行うトレーニング。

1 **イスの背もたれ側に立ち軸足にもう片方の足をかける**
イスから70cmほど離れた位置に立ち、軸足の足首に、もう片方の足の甲をかけ、片足立ちになる。

この動作で1回 — 1秒かけて息を吐く

✓ Point 1
背もたれを逆手で持ち、手のひらで自分の体重を支える

✓ Point 2
足の甲を、軸足の足首に添えるように置く

回数・目安	この筋肉を強化！	用意する道具
左右 **10〜12回×3〜5セット**	①腓腹筋 ②ヒラメ筋	イス

✓ **Point**
軸足のつま先を正面に向けたまま行う

→ 2秒かけて息を吸う

2 軸足のかかとを高くあげてつま先立ちになる

手でバランスを取り、頭からかかとまでが一直線になるようにして、つま先立ちになる。

Part 3 自重トレーニングで筋肉をつける！

トレーナー
坂詰's check

これは **NG!**

**ひざが曲がると
ふくらはぎに負荷がかからない**

ひざをしっかり伸ばし、かかと、ひざ、お尻、頭まですべての点が一直線上になるように注意しよう。

自重トレStep 3-8
バットアップ

腹直筋を鍛えるトレーニング。
お尻をあげ過ぎると効果がなくなるので、完成形の体の角度を確認して行おう。

1 うつ伏せになりひじをついてお腹を伸ばす

ひじは肩の真下につき、両手のこぶしを床につけて踏ん張る。

この動作で1回　1秒かけて息を吐く

Point 1 顔は正面に向ける

Point 2 上体を反らして、お腹の筋肉を伸ばす

Point 3 足を腰幅程度に開きつま先を立てて、床につける

回数・目安	この筋肉を強化！	用意する道具
10〜12回×3〜5セット	①腹直筋 ②腹斜筋	ヨガマット

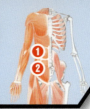

2 背中を丸めながら額を床に近づける

息を吐きながら1秒かけて額を床に近づけ、息を吸いながら元の位置に戻る。

2秒かけて息を吸う

✓ **Point**
ひざを伸ばす

Part 3 自重トレーニングで筋肉をつける！

トレーナー
坂詰's check

これはNG!

お尻を高くあげ過ぎるのはダメ！

高くあげようとするあまり、背中が丸まらないと、腹筋のトレーニングにならない。おでこが床に触れる位置で背中を丸めればOK。

自重トレStep **3-9**

ロウアーバック

背中を丸める姿勢をとり、脊柱起立筋を鍛えるトレーニング。
お尻を突き出さないように注意しよう。

1 イスに浅く座り足を前に投げ出す
足を前方に出し、つま先を立てる。腕を頭の上まであげて軽く前傾する。

Point 2 上体を30度ほど前傾させる

Point 1 ひざは軽く曲げてOK

この動作で1回

2秒かけて息を吸う

トレーナー坂詰's check

これはNG!

お尻が突き出て背中が伸びてはダメ!
お尻を突き出して体を折りたたむような姿勢になると、お尻のトレーニングになる。脊柱起立筋を鍛えるためには、おへそを軸に背中を丸めることがポイント。

回数・目安	この筋肉を強化！	用意する道具
10〜12回×3〜5セット	①脊柱起立筋	イス

2 背中を丸めて前屈する

おへそを軸にして背中をできるだけ大きく丸める。

1秒かけて息を吐く

Another Angle

Point 2 目線はつま先へ

Point 3 骨盤の位置は変えない

Point 1 手先をつま先につける

Part 3 自重トレーニングで筋肉をつける！

自重トレStep **3-10**

ツイスティング・クランチ

上体をひねり、腹斜筋を鍛えるトレーニング。
勢いよくやりすぎると効果が軽減するので、注意点を確認しながら行おう。

1 | 3

**イスの座面に
ふくらはぎを置く**

ひざ、股関節が90度に曲がる位置を
とり、ふくらはぎを座面に乗せる。指
先を後頭部に置き、頭の重さを支える。

**1秒かけて
息を吐く**

✓ **Point**
わきを締めず、ひじは
開いた状態にする

この動作で1回

**1秒かけて
息を吐く**

**トレーナー
坂詰's check**

これはNG!

**勢いよく上体を起こし
ひじがひざにつくのはダメ!**

ひじがひざについたら、あげ過ぎている証
拠。イスに置いている足が浮いたり、床
についているはずのひじが浮かないよう注
意しよう。

回数・目安

10～12回 × 3～5セット

この筋肉を強化！
① 腹斜筋

用意する道具
イス　ヨガマット

Point 足が浮かないように注意

2秒かけて息を吸う

2 上体をひねりひじを反対側のひざに近づける

片方のひじを反対側のひざに寄せ、もう片方のひじは床につける。

4 反対側も同様に行う

ひじがひざに触れたら、上体をひねりすぎ。座面の足が浮かない程度で行う。

2秒かけて息を吸う

Point あげていない方のひじは床につけた状態で行う

Part 3 自重トレーニングで筋肉をつける！

column ③

湯船に肩までつかる全身浴で体のコリを軽減

　トレーニングと日常生活の疲労回復と心身のリラックスに、毎日の入浴は欠かせない。お湯の温かさが体をリラックスさせ副交感神経を優位に働かせてくれるほか、水圧で血行が促進、水の浮力で筋肉が重力から解放されたりと、疲労回復に効果的だ。手軽にシャワーだけではなく、できるだけ湯船につかること。体が温まりリラックスすれば、睡眠の質も高まるはずだ。

　心身の疲れをほぐす入浴のポイントは、38〜39度の微温浴。そして、半身浴と全身浴を併用することだ。内臓への負担が少ない半身浴だが、筋肉の疲労を和らげる意味で不十分なため、湯船にイスを入れるなどして行う半身浴と、肩まで入る全身浴を5〜10分程度で交互に行おう。入浴時間の目安は1時間。脱水や熱中症に注意しよう。

　また、入浴剤も心身のリラックスには効果的だ。お湯は体内のカリウムやナトリウムなどのミネラルを皮膚から奪うが、入浴剤はお湯の浸透圧を高めてくれるので、ミネラルが奪われにくくなる。ほとんどの入浴剤には、リラックス効果の高い香りが含まれるので疲労回復に活用するといいだろう。全身浴によって、首や肩、腰の痛みの軽減にもつながるはずだ。

Part 4
ダンベルを使って さらに効果的に鍛える!

ダンベルを使用したメニュー10種。自重ではできない刺激を得られるなど、より細部の筋肉まで鍛えることができる。特に上半身を鍛えることにフォーカスしたトレーニングとなっている。自分の筋力レベルに合わせて、適切な重さのダンベルを使って取り組もう。

●ダンベルを使ったトレーニングメニュー10種

ダンベルを使ったトレーニング

ダンベルを使って理想の上半身を手に入れる

　ここから紹介するダンベルを使用した10種目のメニューは、特に上半身の筋肉の肥大化・強化にフォーカスしたトレーニングだ。
　理想のラガーマン体型、スーツをカッコよく着こなせる体型づくりに向けて、ダンベルを使ったメニューで多角的に上半身をしっかり鍛えられる。

　Part3の各Stepのメニューを楽にこなせるようになったら、より強化したい部位のダンベルトレーニングを取り入れよう。
　上半身の強化は、体型の変化が目に見えてわかりやすいので、モチベーションをキープしやすい。トレーニングの種類によって異なるダンベルの持ち方をしっかり確認しながら行おう。

使用するダンベルの目安
腕立て伏せの回数によってダンベルの重さが変わる！

　ダンベルの重量は、腕立て伏せのできる回数によって変わる。10回未満の人は初級者。10～20回未満の人は中級者。20回以上できる人は上級者だ。トレーニングの種類によって使うダンベルの重さが異なるので、自分のレベルを確認してから始めよう。

■「実施者のレベル」と「使用ダンベルの重量」一覧

実施者のレベル	軽重量	中重量	高重量
初級者 （腕立て伏せ10回未満）	1～2kg	3～4kg	7～8kg
中級者 （腕立て伏せ10～20回未満）	2～4kg	4～6kg	9～12kg
上級者 （腕立て伏せ20回以上）	4～5kg	7～9kg	14～18kg

スーツの似合う体型になるには、やはり上半身の筋力トレーニングが欠かせない。ここから紹介するダンベルを使った10種のメニューは、こうした"上半身の筋肉の強化"に特に有効だ。

ページ	メニュー名	強化する筋肉	ダンベルの重さ
p.110	①インクライン・ダンベルフライ	大胸筋上部	中重量
p.112	②デクライン・ダンベルプレス	大胸筋下部	高重量
p.114	③ワンハンド・ロウイング	広背筋、僧帽筋、菱形筋	高重量
p.116	④ショルダーアダクション	広背筋	中重量
p.118	⑤ショルダーシュラッグ	僧帽筋	高重量
p.120	⑥ラテラルレイズ	三角筋	軽重量
p.122	⑦コンセントレーション・カール	上腕二頭筋	中重量
p.124	⑧フレンチプレス	上腕三頭筋	中重量
p.126	⑨リストカール	前腕屈筋群	中重量
p.128	⑩リバース・リストカール	前腕伸筋群	軽重量

Part 4 ダンベルを使ってさらに効果的に鍛える！

ダンベルトレーニング **1**

インクライン・ダンベルフライ

大胸筋の上部を鍛えるトレーニング。スーツの似合う、分厚い胸板を作れるメニューだ。ダンベルをあげる位置に注意しながら行おう。

ダンベルの目安 **中重量** （初級者：2〜4kg、中級者：4〜6kg、上級者：9〜12kg）

1 イスに座って肩の真上にダンベルを持ち上げる

イスの背もたれにクッションを置き、寄りかかってダンベルをあげる。

2秒かけて息を吸う

この動作で1回

Another Angle

足を肩幅程度に広めに開き、手は肩の真上に。

✓ **Point**
上体を45度後傾させることで、大胸筋上部を使える

110

回数・目安	この筋肉を強化！	用意する道具
6〜12回×2〜3セット	①大胸筋 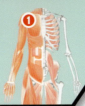	イス クッション

✓ Point
胸を張り、腰を反らせない

1秒かけて息を吐く

2 ひじを軽く曲げながら腕を横に広げる
ダンベルと肩が同じ高さになるまで、腕を開く。

Part 4 ダンベルを使ってさらに効果的に鍛える！

トレーナー坂詰's check

これはNG！

ダンベルがくっつくのはダメ！
肩よりも内側にダンベルが入ると負荷はかからない。肩の真上でダンベルを止めよう。

ダンベルトレーニング2

デクライン・ダンベルプレス

胸の下を鍛えるトレーニング。大胸筋の筋肥大に効果の高いメニューだ。
腕の筋肉を使わないように前腕の位置に注意しながら行おう。

ダンベルの目安　高重量（初級者：7〜8kg、中級者：9〜12kg、上級者：14〜18kg）

1 仰向けになり肩の真上でダンベルを持つ

ひざ、お尻、肩までが一直線になった状態で、ダンベルを肩の真上にあげる。

この動作で1回

2秒かけて息を吸う

✓ **Point 1**
足は肩幅に開く

✓ **Point 2**
お尻が落ちたり、背中が反ったりしない

Another Angle

回数・目安
6〜12回× 2〜3セット

この筋肉を強化！
①大胸筋下部

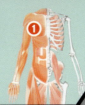

用意する道具
ヨガマット

2 ひじが床に触れるところまでダンベルをおろす

ひざから肩まで一直線の姿勢を保ったまま、ダンベルをおろす。

Another Angle

前腕が床に対して垂直になるようにおろす。

1秒かけて息を吐く

Part 4 ダンベルを使ってさらに効果的に鍛える！

トレーナー 坂詰's check

これはNG！

前腕が内側に入ると負荷が弱まってしまう

前腕は床に対して垂直にキープ。前腕が内側に入ったり、外側に開くと、上腕の筋肉を使ってしまう。胸を鍛えるときは、腕をできるだけ使わないことが大切だ。

ダンベルトレーニング **3**

ワンハンド・ロウイング

背中の筋肉を鍛えて、上体の厚みを出すトレーニング。
腕の力を使わないように、肩甲骨の動きでダンベルを動かそう。

ダンベルの目安 高重量 (初級者:7〜8kg、中級者:9〜12kg、上級者:14〜18kg)

1 イスの端を手で支え もう片方の手でダンベルを持つ

足を前後に開き、イスの前に立つ。腕が床に対して垂直の位置でダンベルを持つ。

1秒かけて息を吐く
この動作で1回

✓ **Point 2**
後ろの足のつま先は少し外を向ける

✓ **Point 1**
イスの端に置いた腕も、床に対して垂直に

トレーナー
坂詰's check

これはNG!

体が旋回していると背中の筋肉に効果ナシ!

体をひねると背中のトレーニングにならない。肩甲骨と腕の動きだけでダンベルを引き上げよう。

回数・目安	この筋肉を強化！	用意する道具
左右 6〜12回× 2〜3セット	① 菱形筋 ② 僧帽筋 ③ 広背筋	イス

2 わきを締めてダンベルを引き上げる

肩甲骨が開いた状態から、わきを締めて肩甲骨を閉じながら、ひじを引き上げる。ダンベルをみぞおちの位置まであげる。

2秒かけて息を吸う

Another Angle

Part 4 ダンベルを使ってさらに効果的に鍛える！

ダンベルトレーニング4

ショルダーアダクション

横向きになり、ダンベルを前方から後ろに引く動きで広背筋を鍛えるトレーニング。
逆三角形の幅広い背中が期待できる。

ダンベルの目安　中重量（初級者：3〜4kg、中級者：4〜6kg、上級者：7〜9kg）

1 横向きになり上方に伸ばした手でダンベルを持つ

ひざを曲げて体のバランスをとる。ダンベルを持つ腕は顔に当たる位置まで伸ばす。

この動作で1回　1秒かけて息を吐く

Another Angle

✓ **Point 1**
腕は体よりもやや前側に伸ばす

✓ **Point 2**
片方の腕を枕にする

回数・目安	この筋肉を強化！	用意する道具
左右 6〜12回× 2〜3セット	①広背筋 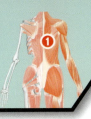	ヨガマット

2 ダンベルを肩の真上まで引き上げる

大きい円を描くようにして、ひじを伸ばしたまま、ダンベルをあげる。

2秒かけて息を吸う

✓ Point
腕を床と垂直の位置まで伸ばす

Another Angle

Part 4 ダンベルを使ってさらに効果的に鍛える！

ダンベルトレーニング 5

ショルダーシュラッグ

肩、特に僧帽筋を鍛えるトレーニング。肩の動きだけでダンベルを引き上げるのがポイント。首と肩まわりにたくましさが増すメニューだ。

ダンベルの目安　高重量（初級者：7〜8kg、中級者：9〜12kg、上級者：14〜18kg）

1 足を肩幅程度に開き両手にダンベルを持つ
ダンベルが太ももに触れる位置まで腕を伸ばし、肩を落とす。

この動作で1回　1秒かけて息を吐く

Another Angle

✓ Point
体のバランスをとるため、足は肩幅に開く

回数・目安	この筋肉を強化！	用意する道具
6〜12回× 2〜3セット	①僧帽筋	なし

2 肩を思いきりすくめる

ひじを伸ばしたまま、肩を大きくすくめる。

2秒かけて息を吸う

✓ **Point**
肩を高くあげやすいように顔を少し前に出す

Another Angle

Part 4 ダンベルを使ってさらに効果的に鍛える！

ダンベルトレーニング 6

ラテラルレイズ

肩の筋肉を鍛えるトレーニング。特に三角筋をピンポイントで発達させることができる。イスが動かないようにしっかり固定させてから行おう。

ダンベルの目安 軽重量（初級者：1〜2kg、中級者：2〜4kg、上級者：4〜5kg）

1 両ひざをクッションに置いてイスに寄りかかる

上体が30度ほど傾くようイスに寄りかかり、ダンベルを床に垂直な位置で持つ。

この動作で1回 / 1秒かけて息を吐く

ZoomUP!
親指がダンベルの真ん中にくる位置で持つ。こうすると、ダンベルが傾かない。

✓ **Point**
腕は床に対して垂直になる

回数・目安	この筋肉を強化!	用意する道具
左右 6〜12回× 2〜3セット	①三角筋	イス クッション 

2 腕が床と水平になる位置まであげる

上体の角度は変えず、ダンベルを90度引き上げる。

2秒かけて息を吸う

Point 1 手の甲が真上を向く

Point 2 ひじは伸ばしたまま

Part 4 ダンベルを使ってさらに効果的に鍛える!

ダンベルトレーニング **7**

コンセントレーション・カール

腕の太さの決め手となる、上腕二頭筋を鍛えるトレーニング。
正しく鍛えるように、イスに座ったときのひざの向きに注意しよう。

ダンベルの目安　中重量（初級者：3～4kg、中級者：4～6kg、上級者：7～9kg）

1 足を90度開いて座り片方のひざを正面に向ける

ダンベルを持った腕のひじを内ももで固定し、肩がひじよりも外側になる位置まで、体を傾ける。

この動作で1回　1秒かけて息を吐く

✓ **Point 1**
肩をひじよりも外側にする

✓ **Point 2**
ダンベルを持っていないほうの手は、外側に曲げたひざに置く

回数・目安	この筋肉を強化！	用意する道具
左右 6～12回× 2～3セット	①上腕二頭筋 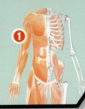	イス 

2 ダンベルを引き上げる

体を少し傾けた位置のまま、ダンベルを胸に近づけるようにして引き上げる。

2秒かけて息を吸う

トレーナー
坂詰's check

これはNG!

上体を正面に向け両足を左右均等に開くのはダメ！

自分の体の真正面で行うと、ひじの位置が肩よりも外側に出やすく、腕前が鍛えられない。左腕であげるときは左ひざが正面を向き、右腕であげるときは右ひざが正面を向くようにする。

Part 4 ダンベルを使ってさらに効果的に鍛える！

ダンベルトレーニング**8**

フレンチプレス

腕の後ろ側の筋肉、上腕三頭筋を鍛えるトレーニング。
腕を太く見せるには強化が必要な筋肉だ。ダンベルの持ち方に注意して行おう。

ダンベルの目安　中重量（初級者：3～4kg、中級者：4～6kg、上級者：7～9kg）

1 イスに座ってダンベルを頭上にあげる

伸ばした腕のひじを、もう片方の手で支える。

この動作で1回

2秒かけて息を吸う

Another Angle

ダンベルを親指と人差し指ではさんでつかみ、ほかの指で球体を包む。

ZoomUP!

回数・目安	この筋肉を強化！	用意する道具
左右 6〜12回× 2〜3セット	①上腕三頭筋 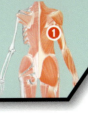	イス

2 ひじの位置を変えずに腕を曲げる

片方の手でひじを支えたまま、ダンベルを後方におろして、ひじを曲げる。

1秒かけて息を吐く

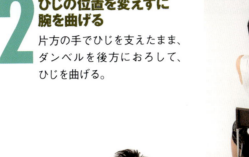

Another Angle

✓ **Point**
ひじの位置は肩の真上

Part 4 ダンベルを使ってさらに効果的に鍛える！

ダンベルトレーニング 9
リストカール

前腕の内側、前腕屈筋群を鍛える。ひじを固定させることが、トレーニング成功のキー。このメニューで、たくましい前腕を目指そう。

ダンベルの目安　中重量（初級者：3〜4kg、中級者：4〜6kg、上級者：7〜9kg）

1 前腕を太ももの上に置いて固定する

イスに浅く腰かける。手首をしっかり反らし、指先でダンベルを持つ。

手首はできるだけ反らし、指先をダンベルにかける。

この動作で1回　1秒かけて息を吐く

✓ **Point 1**
前傾させた体でひじをしっかりと固定する

✓ **Point 2**
足は肩幅程度に開く

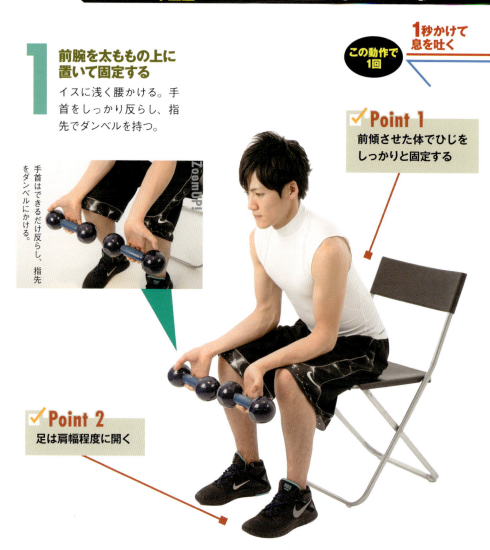

回数・目安	この筋肉を強化！	用意する道具
6〜12回×2〜3セット	①前腕屈筋群	イス 

2 ダンベルを握りながら手首を曲げる

前腕の筋肉を使ってダンベルをあげる。ひじは太ももに置いた位置から動かさない。

2秒かけて息を吸う

> ✓ **Point**
> 手首を曲げてダンベルをあげる

トレーナー坂詰's check

これは**NG!**

ひじが太ももから浮いてしまってはダメ！

ダンベルを上げ下げするときに前腕が浮かないよう、ひじをしっかりと太ももに押しつけて固定することが大事。

Part 4 ダンベルを使ってさらに効果的に鍛える！

ダンベルトレーニング 10

リバース・リストカール

リストカールの反対で、前腕の外側を鍛えるトレーニング。筋肉が力強く張り出した前腕を目指したい。手の向きに注意。

ダンベルの目安　軽重量（初級者：1〜2kg、中級者：2〜4kg、上級者：4〜5kg）

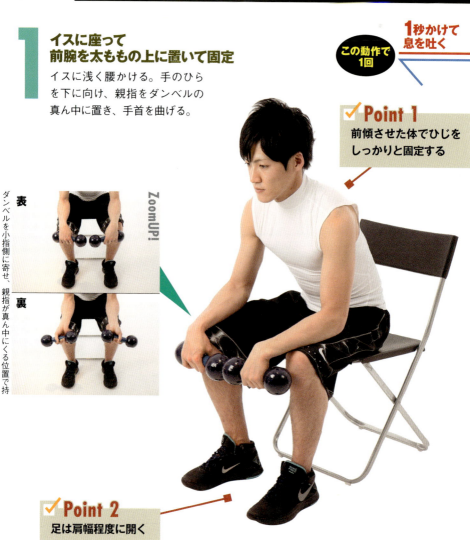

1 イスに座って前腕を太ももの上に置いて固定

イスに浅く腰かける。手のひらを下に向け、親指をダンベルの真ん中に置き、手首を曲げる。

この動作で1回　1秒かけて息を吐く

Point 1 前傾させた体でひじをしっかりと固定する

ZoomUP!

表　ダンベルを小指側に寄せ、親指が支点となる。

裏　親指が真ん中にくる位置で持つ。

Point 2 足は肩幅程度に開く

回数・目安	この筋肉を強化！	用意する道具
6〜12回× 2〜3セット	①前腕伸筋群 	イス

2 ひじの位置を変えず
そのまま手首だけを反らす

手首をしっかり曲げた状態から、前腕の筋肉を使って反らせる。

2秒かけて息を吸う

✓ **Point**
反った手は前から見てハの字になる

Part 4 ダンベルを使ってさらに効果的に鍛える！

column ④

ウォーキングや自転車など体への負担が少ない運動を

　肥満体型（太っている＝Cタイプ）の場合、ラガーマン体型に近づくために、有酸素運動で体脂肪を減らすのも有効な方法だ。ただ、運動不足で体重の重い人が無理に激しい運動を行うと体に疲労がたまり、ケガもしやすい。

　燃焼する体脂肪量は運動時間に比例して多くなるため、5分のきつい運動より、ラクに感じる30分の動きの方がエネルギー消費は大きい。

　負担なく運動を続けるためにも、少しきつい程度の運動強度を心がけよう。週3日1時間・合計3時間体を動かすのと、土日に90分間・合計3時間とでは同じエネルギー消費なので、自分のライフスタイルに合わせていけばいい。

　関節の負担が少なく、手軽に行える有酸素運動の代表は「ウォーキング」だ。体重が重いCタイプの方は、地面から受ける衝撃が大きい「ランニング」よりもオススメ。つま先を前に向けたまま、20cm幅の平均台の上を歩くイメージで、腕と足を大きく前後に振って歩こう。

　昨今、愛用者が増えてきた「自転車」も、関節への負担が少なく、長時間体を動かし続けられるという点で、体重が重い人に適した全身運動だ。気持ちよく30分以上続けられる、自分なりの運動習慣をつくっていこう。

Part 5
食事で体を変える！

筋力トレーニングだけで、体を引き締まったラガーマン体型へと変えることは難しい。食事によって体を内側から変化させていく必要がある。体型別や、すべてに共通する正しい食事の取り方を具体的に解説。

① **体型別「理想的な食事」**
② **すべての体型に共通する食事法**
③ **Q&Aで食事をより深く知ろう！**

①体型別「理想的な食事」

Aタイプ（＝標準体型）がラガーマン体型になるための食事法とメニュー

食事とタンパク質の量を増やす！

BMI25未満で、ウエスト・身長比0.46未満の「標準体型」タイプは食が細い人が多い。タンパク質を摂取しつつ、食事をしっかり取る食生活を心がけて、筋肉をつける意識を持つようにしよう。

1 タンパク質の1日の摂取目安

毎食1品は肉や魚を

筋肉、皮膚、骨、髪など、全身の細胞を作るのがタンパク質。

タンパク質が不足していると、いくら筋トレをしても効果が出ない。

1日3食、肉か魚料理を必ず1品食べることが大切だ。

タンパク質は脂質や糖質と違って体に貯蔵することができず、また、1回の食事で大量に吸収することもできない。

「昨夜、焼き肉をたくさん食べたから今日は野菜だけでいい」などと考えがちだが、これはNG。毎食、1品は肉や魚を食べるようにするのが理想的だ。

大豆製品を主菜にする際は、単体だと不十分なため、卵や牛乳など乳製品を1品加えよう。

■タンパク質の1日の理想的な摂取量（g）

体重1kgあたり、タンパク質1.5g

※体重60kgの場合は、タンパク質90が1日の理想的な摂取量となる。

2 タンパク質をこまめに摂取

トレーニング前後に良質なタンパク質を取ろう

食べ溜めができないタンパク質は、こまめに摂取することが大事。

特にトレーニング前後は、魚肉ソーセージやさけるタイプのチーズ、枝豆などで手軽にタンパク質を取るといいだろう。

肉や魚にはタンパク質だけでなく脂質も多く含まれるが、標準体型タイプはさほど気にする必要はない。

タンパク源を探してくるのが面倒くさいという人は、高タンパクで低カロリーなプロテインを常備しておくのもオススメだ。

3 昼食と夕食の間に取る！

血糖値が下がりやすい危険な時間帯にタンパク質を！

一般に、朝食と昼食の間の時間に比べ、昼食と夕食の間の時間は空きがち。

朝食と昼食の間の平均的な時間が約4時間なのに対し、昼食と夕食の間はだいたい6時間ほど空く。

つまり、血糖値が非常に下がりやすい状態となっている。

その間に何も食べないと血糖値が大きく低下し、体のコンディションも崩れやすくなってしまう。

その間にタンパク質を主体とした軽食を意識的に取り、筋肉の分解を防ぐようにしたい。

①体型別「理想的な食事」

Bタイプ（＝ぽっちゃり体型）がラガーマン体型になるための食事法とメニュー

量はそのまま。質を変えよう！

BMI25未満で、ウエスト・身長比0.46以上の「ぽっちゃり体型」の人は、タンパク質・脂質・糖質の摂取量バランスが崩れ気味。食事の質そのものを変える必要がある。

1 PFCバランスを整えよう！

栄養バランスの基準！ 食事内容を見直す目安に

全摂取エネルギー量に占めるタンパク質（Protein）、脂質（Fat）、糖質（Carbohydrate）のバランスを、専門用語でPFCバランスという。

その理想は、タンパク質15：脂質25：糖質60とされている。

しかし、ぽっちゃり体型の人の多くは、ご飯やパスタなどの炭水化物の量が多く、タンパク質5：脂質25：糖質70などとバランスが崩れがち。

揚げ物やマヨネーズなどが好きで油分を多く取る人は、10：50：40と脂質が半分を占めることも少なくない。

自分の食事内容を見直すところから始めよう。

■理想的なPFCバランス

タンパク質（P）＝15%
脂質（F）＝25%
炭水化物（C）＝60%

2 主食を削ってタンパク質を確保

**食事にひと工夫で
タンパク質を多めに摂取**

　ご飯はいつも大盛り、ラーメンは替玉を注文するという人は、糖質を多く取り過ぎている可能性が高い。

　まずは主食の量をおさえ、その分をタンパク質に置き換えよう。

　毎食、肉か魚、大豆を使った料理を必ず入れること。朝は納豆ご飯、昼は鮭の定食、夜は牛丼などでいい。

　「昼は忙しくてコンビニめし」という食事が多い人は、おにぎりを2つ買っていたところを、おにぎり1つとチキンにするなど、タンパク質を増やす工夫をしよう。

■コンビニで昼食を買う場合

おにぎり2個 → おにぎり1個 ＋ チキン

3 存在感のある主菜を食べよう！

**"ヘルシーな食事"に注意
筋肉量が増えるメニューを！**

　「ヘルシーに和定食を食べよう」と、野菜ばかり食べる人がいるが、肉や魚、大豆製品がなければ、タンパク源が十分に取れていない。

　野菜炒めは肉が少量だったり、天ぷらはタンパク源がエビしかなかったりと、実はタンパク質が足りていないこともある。

　これでは、いくらトレーニングを積んでも、筋肉量を増やすことができない。

　しっかり筋肉をつけるために、ステーキや焼き魚など、存在感のある主菜を毎回食べることが大事だ。ただし、油脂は控えめに。

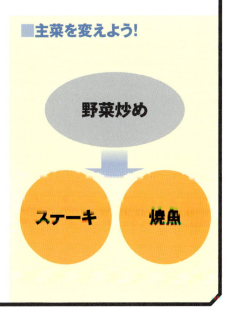

■主菜を変えよう！

野菜炒め → ステーキ・焼魚

①体型別「理想的な食事」

Cタイプ（=太っている）が
ラガーマン体型になるための食事法とメニュー

主食の二重取りをやめて糖類・脂質をカット！

BMI25以上で、ウエスト・身長比0.46以上の「肥満体型」の人は、タンパク質自体は十分取れている。問題なのは砂糖と油。これらをカットする食生活で、脂肪を落としていこう。

1 体重（カロリー）の減らし方

1日、1週間と計画的に減らそう

肥満体型の人は、筋肉量はあるのに脂肪がその上を覆っているというケースが多い。逆に発想すれば、脂肪を削ると、理想のラガーマン体型になれるポテンシャルがあるのだ。

これは、ラガーマン体型を目指すうえで大きなアドバンテージ。

そこで、1週間で、体重に対して体脂肪1％減を目指そう。80kgの人なら1週間で800g、4週間で3.2kg、6週間で約5kgだ。

100kgの人が1週間で1kg減らすには、7000kcalのカットが必要になる。1日で1000kcal。つまり、1食あたり300〜350kcal減らせばいい。

タンパク質は十分に取っているはずなので、糖類・油をカットするよう、毎日の食事を見直そう。

■1週間での理想的な体脂肪の減らし方

体重に対して、
1％の体脂肪を減らすのが理想

※体重100kgの場合は1kg。つまり、7000kcalを1日あたり1000kcalずつ減らしていく。

2 隣りの人と同じものを食べる！

余分な糖質を取らないために主食の二重取りは避ける

「大盛り無料なら迷うことなく注文」「うどんを食べるときは、おにぎりやいなり寿司を追加」「ラーメンとチャーハンのセットが大好物」など、Cタイプの人には、こうした食生活を送っているケースがあるはず。通常メニューよりも多く食べる、多く炭水化物を取ってしまう食習慣を見直そう。

簡単な方法としては、隣りの人、周りの人と同じものを食べ、余分な糖質を取らないこと。そばと天丼のセット、ラーメンとチャーハンセットなど主食の二重取りはさけよう。

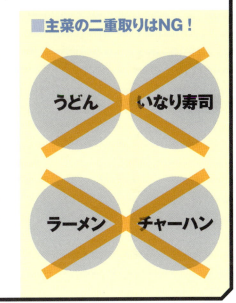

■主菜の二重取りはNG！

うどん／いなり寿司／ラーメン／チャーハン

3 和食中心の食生活に！

揚げ物をさけて和食中心に糖、油、お酒をカットしよう

太る原因はずばり、糖、油、お酒。この3つをおさえることが、体脂肪カットの近道だ。

糖を減らすには「お菓子や果物が好きな人は、1週間の摂取総量を1／4にする」「カレーを食べるとき、ルーに小麦が含まれていないスープカレーにする」「糖質を多く含む、じゃがいもを料理から抜けるときは抜く」「清涼飲料水ではなく水・炭酸水を飲んで胃の容量を小さくする」などを心がけること。脂質を減らすには、揚げ物をさけ、和食中心の食事を取ることが理想的だ。

■摂取をさけたい食品

じゃがいも／カレーライス／ビール　日本酒

②すべての体型に共通する食事法

Aタイプ（＝標準） も
Bタイプ（＝ぽっちゃり） も
Cタイプ（＝太っている） も

この3つだけは、必ず食事に取り入れよう！

ここまでは体型別の食事方法を見直してきたが、この項では、すべての体型に共通する食事法を解説。Aタイプ、Bタイプ、Cタイプも要注目だ。

①必ず毎日3食を取る！
②タンパク質を上手に取る
③血糖値のUP&DOWNを小さく

1 必ず毎日3食を取る!

**空腹時に筋肉は減る
食事を抜くのは禁物!**

　筋肉を作るために一番大切なのが、食事を抜かないこと。現代人が特におろそかにしやすいのが朝食だ。朝食を取らないと、長時間、血糖値の低い時間が進むことになる。20時に夕食を取った場合、翌朝、何も食べずに昼食を取ると、食事と食事の間は16時間。血糖値の低い状態が長く続くと、筋肉が分解されて減ってしまい、さらにその後のドカ食いにより栄養の多くが体脂肪へと取り込まれてしまう。"筋肉はお腹がすいているときに減る"ので、毎日3食きちんと取る生活を心がけよう。

■食事を抜いてはダメ!

朝: トースト / 目玉焼き / サラダ
昼: ご飯 / 味噌汁 / 焼き魚 / ほうれん草のおひたし
夜: ご飯 / 味噌汁 / ステーキ / サラダ

2 タンパク質を上手に取る

**乳製品・卵・大豆製品
タンパク源を組み合わせよう**

　タンパク質は一気に取り込むことができないため、毎食、必ず取る必要がある。

　そもそも朝食を取る習慣がない人は、「ヨーグルトと野菜ジュース」「たまごサンドイッチとカフェラテ」「納豆ご飯とフリーズドライの味噌汁」など、手間がかからない軽いものを選びつつ、タンパク源が含まれる乳製品や卵、豆腐や納豆などの大豆製品を取ろう。

　ただし、大豆製品そのものはタンパク質が少ないため、牛乳や卵を組み合わせると、さらに効果的だ。

■大豆製品でタンパク質を摂取する場合

大豆製品 ※大豆製品だけではタンパク質の含有量が少ない。
＋
牛乳　卵

などでタンパク質を補完しよう!

Part 5 食事で体を変える!

②すべての体型に共通する食事法

3 血糖値のUP&DOWNを小さく

空腹時の"甘いもの"は厳禁

　筋肉を減らさないためには、血糖値の急上昇、急降下をさけることが大切だ。ここで、改めて血糖値を詳しく説明しておこう。

　血糖値とは、血液中のブドウ糖の数値のこと。ブドウ糖は人間が活動するうえでエネルギー源となるため、基本的に血中での濃度は一定に保たれている。

　しかし、食生活などの影響によって、この血糖値が上がり過ぎたり、下がり過ぎたりした場合、体に悪影響を及ぼして、さまざまな病気を引き起こすことになってしまう。

　さらに、砂糖やお酒など消化のいいものを空腹時に大量に取ると、一気に血糖値が上がるだけでなく、下降も早い。すぐにお腹がすいて悪循環になるので、菓子パンやスナック菓子、甘いデザート類やお酒はさけること。

　食事は回数をわけて規則正しく取るのに加え、お腹がすいたら、水や麦茶などノンカロリーでノンカフェインの飲料をとってから食べるなど、血糖値の上昇・下降幅を小さくする工夫をしよう。

　食事は30分以上かけてゆっくり食べるのが理想だ。

■血糖値の急上昇をさけるための3ヵ条

①食前の大量のアルコールはさける

ビール　日本酒　カクテル

②1回の食事に30分くらいの時間をかける

③食事の前に水分を先に取って胃の容量を小さくする

③Q&Aで食事をより深く知ろう！

理想の体を作るために さらに深い知識を 身につけて 実践してみよう！

筋肉を作るためにはタンパク質が大事だとわかっていても、忙しいと、おにぎりやパンなど主食に偏りがちに……。タンパク質を上手に取るためのポイントをおさらいしよう。

Q1. タンパク質摂取の ベストタイミングは？

Q2. プロテインなどの サプリメント摂取は有効？

Q3. タンパク質の上手な 取り方をまとめてください。

Part 5 食事で体を変える！

Q1 タンパク質摂取のベストタイミングは?

A:夕食でしっかり取ろう

筋肉は主に寝ている間に作られるので、タンパク質を多めに取るなら夜がベストタイミング。

野菜炒めや天ぷらはタンパク質が意外と少ないため、それよりもステーキや焼き魚など、存在感のある主菜を選ぼう。筋力トレーニングを行う際は、事前にタンパク質を取っておくと、筋トレ後のタイミングでちょうど吸収されやすくなる。

■夕食でしっかりとタンパク質を取ろう!
- ステーキ
- 豚のしょうが焼き
- 焼き魚

Q2 プロテインなどのサプリメント摂取は有効?

A:食事で取れなかったときの補食に

1日3回の食事で十分なタンパク質を取るのが理想。しかし、忙しい朝など、毎食しっかりとタンパク質を取るのが難しい場合もある。そういうときは、プロテインなどのサプリメントを活用するのもいい。

肉や魚には脂質も多く含まれるが、プロテインは油分が排除されているため、手軽に高タンパク&低カロリーな栄養素を取り入れられる。

■魚や肉が苦手な人は…

魚・肉
↓
苦手な場合はプロテイン、アミノ酸の摂取が有効。その他、納豆や卵もOK。

納豆　牛乳　卵

Q3 タンパク質の上手なとり方をまとめてください。

A: 肉、魚、大豆＋乳製品・卵 タンパク質を3食必ず取る

肉類では、もも肉、ヒレ肉、鶏のささみ、砂肝、プレスハムなど脂の少ない製品を選ぼう。バラ肉、牛テール、牛タン、鶏手羽、ベーコンは脂が多いので、Cタイプ（太っている）の人はさけたほうがいい。

魚は脂の少ない白身魚やイカ、タコ、貝類がオススメ。調理する際は揚げ物ではなく、「焼く」「蒸す」などして、できる限り、脂質の摂取をさける調理法がいいだろう。

こうした高タンパク・低カロリーの食品や、これらを使ったメニューを毎日3食欠かさず取り入れることが大切だ。

また、筋肉は睡眠中に作られるため、夕食で多めに取るのがベスト。プロテインなどもうまく活用して、筋肉量を増やす努力をしよう。

加えて、脂肪を減らすためには、炭水化物の過剰摂取にも気を配りたい。

■タンパク質の上手な取り方まとめ

① タンパク質の量を増やしてこまめに摂取する。

② 主食を取り過ぎない。　ごはん　パン

③ 食事を抜かない。必ず毎日3食を欠かさず取る。

④ 夕食で多めにタンパク質を取るのがベスト。

Part 5 食事で体を変える！

スーツが似合う男になる!!
ラガーマン体型になれる筋力トレーニング

発行日	2016年4月27日 初版
著者	坂詰真二
発行人	坪井義哉
発行所	株式会社カンゼン 〒101-0021 東京都千代田区外神田2-7-1 開花ビル4F TEL 03(5295)7723 FAX 03(5295)7725 http://www.kanzen.jp/ 郵便振替 00150-7-130339
印刷・製本	株式会社シナノ

編集	株式会社レッカ社 斉藤秀夫／滝川 昂
構成・取材	三谷 悠
文	田中瑠子／三谷 悠
イラスト	株式会社BACKBONE WORKS
写真	魚住貴弘／佐藤博之
カバーモデル	藤田慶和 (公益財団法人日本ラグビーフットボール協会)
本紙モデル	鍛治知章 (株式会社28 FITNESS Div.)
カバー・表紙デザイン	渡邊民人(TYPEFACE)
本紙デザイン	寒水久美子
DTPオペレーション	アワーズ
撮影協力	ライフサウンド株式会社 公益財団法人日本ラグビーフットボール協会 株式会社28 FITNESS Div.

万一、落丁、乱丁などがありましたら、お取り替え致します。
本書の写真、記事、データの無断転載、複写、放映は、著作権の侵害となり、禁じております。

©Shinji Sakazume 2016
©RECCA SHA 2016

ISBN 978-4-86255-356-0
Printed in Japan
定価はカバーに表示してあります。

本書に関するご意見、ご感想に関しましては、
kanso@kanzen.jpまでEメールにてお寄せください。
お待ちしております。

著者紹介
坂詰真二(さかづめ・しんじ)

1966年、新潟県出身。スポーツ&サイエンス代表。NSCA公認ストレングス&コンディショニング・スペシャリスト、同協会公認パーソナルトレーナー。株式会社D&M商会アドバイザー。横浜市立大学文理学部を卒業後、株式会社ピープル(現コナミスポーツ)で、ディレクター、教育担当を歴任。その後、株式会社スポーツプログラムスにて実業団等のチーム、個人選手へのコンディショニング指導を担当。1996年に独立し、アスリートへの指導、スポーツ・医療系専門学校講師などを務めている。『体のおとろえは、「足」から始まる 40代からのロコモ対策』『パートナー・ストレッチ』(いずれもカンゼン)など著書多数。

モデル協力
鍛治知章(かじ・ともあき)

1988年生まれ。BRAFT所属インストラクター。NESTA-PFT認定パーソナルトレーナー。空手や野球、水泳など多くのスポーツに親しむ。各種メディアにて、モデル経験多数。